JN228805

企業不祥事を防ぐ

國廣 正 Tadashi Kunihiro

日本経済新聞出版社

はじめに

企業不祥事が後を絶たない。

ここ一〜二年だけを見ても、神戸製鋼所や三菱マテリアルを始めとする素材メーカーで相次いで発覚したデータ偽装事件、日産自動車やスバルなどの自動車メーカーの検査不正事件、日産のゴーン事件、かんぽ生命保険の保険の不正販売事件など、枚挙に暇がない。

これらの事件が起こるたびに「コンプライアンス」が叫ばれる。しかし、実際には多くの企業で過剰規制による「コンプラ疲れ」が生じており、不祥事防止の役に立っていない。

コーポレートガバナンスの観点から社外取締役の義務化も進められている。しかし、ガバナンス先進企業と言われた東芝の不正会計事件から分かるように、「形だけ」のコーポレートガバナンスに不祥事防止の効果はない。


そこでこの本では、できるだけ多くの実例をあげて、「なぜ、企業不祥事はなくならないのか」「なぜ、そのコンプライアンスやコーポレートガバナンスは機能しないのか」を根本にまで遡って明らかにする。ここでは、「ストーリーの欠如」と「場の空気（同調圧力）」がキーワードになる。

その上で、「では、どうすればよいのか」ということを、危機管理の現場対応や社外役員としての活動といった筆者の実務経験に基づいて具体的に提言する。ここでは、「多様性」「インテグリティ（誠実性）」「空気読まない力」がキーワードになる。

この本のタイトルは、「企業不祥事を防ぐ」というシンプルなものだ。書かれているのはすべて実例（筆者の実体験も多く取り入れている）とそれに基づく考察だ。「机の上で考えた理論」は書いてない。

読者としては、企業経営者から現場の社員、さらにその家族や学生まで、幅広く想定している。難しい専門用語は使っていない。

この本が、読者に「オモシロかった」と言われて、「やらされ感のコンプライアンス」から「元気の出るコンプライアンス」への橋渡しになることを願っている。

二〇一九年九月

國廣　正

目次

第3章 これからのコンプライアンス

第4章 コーポレートガバナンスの実際

第5章 危機管理実務の最前線

第6章 企業のグローバル展開とリスク管理

第1章

過剰規制から「ものがたりのあるコンプライアンス」へ

コンプライアンスという言葉を聞いて、やる気が出てくる人はいない。コンプライアンスには「やらされ感」がつきまとう。

そこで本章では、コンプライアンスをつまらなくするものの正体を、実例に沿って明らかにしていく。

その上で、本来のコンプライアンスは、企業が時代や社会の変化に伴う不確実性（＝リスク）に柔軟に対応して生き抜いていくためのダイナミックなリスク管理の実践論であり、企業で働いている一人一人の社員の仕事に対する誇りと結びつくものであることを示していく。

キーワードとなるのは、「ものがたりのあるコンプライアンス」だ。

1　なぜ、コンプライアンスはつまらないのか

コンプライアンスでは元気が出ない

コンプライアンスという言葉を聞いて、元気になり、やる気が出てくる人は、まずいない。コンプライアンスという言葉には暗いイメージがある上に、「またコンプラかよ」といった面

倒くささや「やらされ感」がつきまとう。

なぜそうなのか。

まず、それは不祥事を起こした企業の決まり文句だからだろう。「このたびは、皆さまにご迷惑をおかけして大変申し訳ございません。今後はコンプライアンスを重視した経営を行ってまいる所存です」というように、マスコミのカメラのフラッシュを浴びながら社長が頭を下げて口にする言葉、それがコンプライアンスだ。

一般社員には、上から降ってくる「コンプライアンス＝法令順守」が過剰な足かせと感じられている。たくさんの社内規則、チェックリストやテンプレートがコンプライアンス部門から下りてきて、「あれをしてはいかん、これをチェックしろ、この報告をせよ」という細かいルールの嵐。これでは元気が出ないし、仕事が楽しくない。

多くの人がコンプライアンスに対して持つイメージはこのようなものだ。

なぜ、企業はコンプライアンスをつまらなくするのか

では、本来のコンプライアンスとは、どういうものか。

コンプライアンスは企業不祥事を予防するための基本となる考え方だ。同時に、不運にも不祥事が発生したときに、現実から目を逸らさずにそれを克服するための危機管理の基本となる姿勢でもある。そして、コンプライアンスとは、企業が時代や社会の変化に伴う不確実性（＝

リスク）に柔軟に対応して生き抜いていくためのダイナミックなリスク管理の実践論だ。

また、コンプライアンスは、企業で働いている一人一人の社員の自分の仕事に対する誇りと結びついた、企業の成長戦略と一体となる考え方でもある。

このようなコンプライアンスの本質は、これからいろいろな事例をあげながら明らかにしていく。しかしその前に、なぜ企業はその本質から外れてつまらないコンプライアンス、疲れるだけのコンプライアンスに走ってしまうのか、いくつかの事例で見ていくことにしよう。

形式主義

去年、私は引っ越しをした。新しい住居の電力料金の契約で、料金を銀行引き落としにするために申込用紙を電力会社に送ることにした。申込用紙には、料金を引き落とす私の銀行口座（銀行名・支店名・口座の種類・口座番号・名義人）を記入して、印鑑を押すことになっている。

私は、申込用紙に必要事項を記入し、銀行印を押して電力会社に郵送したが、数日後に電力会社から電話が入った。「書類に不備がありまして、いったん返送させていただきますので、訂正して同封の返信用封筒でご返送ください」ということだった。

私は「どこがまずかったの？」と聞いたのだが、電話オペレーターは「申し訳ございません。私には分かりかねます」とのことなので、「じゃあ、送ってください」と言うほかない。

ほどなくして申込用紙が返送されてきた。

【図1-1】どこに不備があったのか？

申込用紙

（フリガナ）	クニ　ヒロ　タダシ	印	（印影：國廣）
お名前	國廣　正		

ご住所	東京都千代田区 有楽町○―○○―○○	電話番号	00（0000）0000

引落口座					
口座カナ名義	クニヒロ　タダ゛シ （姓と名の間は1文字あけて下さい）				
振込先金融機関	三菱ＵＦＪ	（銀行） 信用金庫 信託銀行	日本橋　支店 支社 出張所	預金科目	口座番号 （右詰めでご記入願います）
金融機関・店舗コード	0005		020	（1. 普通） 2. 当座	1234567

どこに不備があったのか。

申込用紙には付箋が貼り付けられていて、そこには「銀行の〝支店〟に○印をつけてご返送ください」と書かれていた。要するに「三菱ＵＦＪ銀行」「日本橋支店」の「支店」に○印をつけていなかったのが書類不備として返送されてきた理由だったのだ。

あまりのアホらしさに、黙って返送する気にならず、私は電力会社の担当者に電話をして文句を言うことにした（親切なことに、送られてきた封筒には担当者名と電話番号が書かれていた）。

私「三菱ＵＦＪ銀行の日本橋は支店に決まっているじゃないですか。そっちでマルをつけてくれればいいじゃないですか」
担当者「そのようなわけにはまいりません」
私「だって、間違いようがないでしょう。往復で無駄な切手を使うし、私にもあなたにも無駄な手間と時間がかかると思いませんか」
担当者「申込用紙はすべてお客さまに書いていただくルールになっておりまして、こちらが勝手に記入するわけにはまいりません」
私「確かに、お客に自署を求めるのは分かるけれど、それは不正な代筆をさせないためじゃないですか。でも今回はそっちでマルをつけても不正になりえないし、それに文句を言う人なんていませんよ」
担当者「申し訳ございません。当社のコンプライアンス上、そのような取扱いはいたしかねます」
私「(何がコンプライアンスだ！ 責任者を出せ！ と喉まで出かかったクレーマー的暴言を意志の力で何とか押さえて)だって、常識で考えてもおかしいし、無駄じゃないですか」
担当者「当社のコンプライアンス上、そのような取扱いは致しかねますので申し訳ございません(この「壊れたテープレコーダー的対応」はおそらく、「顧客対応マニュアル」にしたがった繰り返し返答のパターンと思われる)」
私「(これ以上、話をしても埒(らち)が明かないし、担当者自身もおかしいと思いながらもマニュアルどおりの返答をさせられているだけだろうと自分を納得させて）……分かりました。マルをして送り返せばいいんだね」
担当者「はい、そのようにお願いいたします。どうもありがとうございます」
私「そうしますよ！（ガチャン：電話を切る音）」

多くの人が経験しているコンプライアンスとは、この電力会社の対応のようなものではないだろうか。

友人の銀行員に聞いた話だが、次のような事例もある。その銀行の支店が本店に送ったローンの関係資料で、融資を受ける顧客の生年月日を「昭和三〇年」と書くところを間違って「平成三〇年」と書いてしまった。このミスを見つけた本店から支店長が厳しく叱責された上に、コンプライアンス部門から「再発防止策の策定」を求められ、支店をあげて対応したとのことである。そして、支店長の怒りの矛先は「平成三〇年」と書いた担当者とそれを見逃した管理職に向けられることになった。

しかし、そもそも平成三〇年生まれの赤ん坊がローンを申し込むなどあり得ない。本店・支店長間でも、支店長・担当者間でも「気をつけてね」「すみませんでした」で済む話だと思うのだが、コンプライアンス部門が出てくるとそうはならない。「再発防止策の策定」まで求められるという大げさなことになってしまう（一体、どういう再発防止策があるというのだろう？）。これでは皆がコンプライアンス嫌いになっても仕方ない。

まず条文ありき（内部統制の基本方針？）

法律の条文からスタートすることも、コンプライアンスをつまらなくする元凶の一つだ。

会社法では、会社は「内部統制の基本方針」というものを取締役会で定めて、これを開示（対外公表）しなければならないとされている。内部統制とは、要するに会社がリスク管理を行うための体制・システムのことだ。会社はいろいろなリスクにさらされている。だから会社が生きていくためにはリスク管理体制が不可欠で、「内部統制の基本方針」は会社のリスク管理体制の基本方針ということになる。

「内部統制の基本方針」は、法律で次のようなものだとされている。

> 法律の定め[1]
>
> 一　当該株式会社の取締役の職務の執行に係る情報の保存及び管理に関する体制
>
> 二　当該株式会社の損失の危険の管理に関する規程その他の体制
>
> 三　当該株式会社の取締役の職務の執行が効率的に行われることを確保するための体制
>
> 四　当該株式会社の使用人の職務の執行が法令及び定款に適合することを確保するための体制

五　次に掲げる体制その他の当該株式会社並びにその親会社及び子会社から成る企業集団における業務の適正を確保するための体制

多くの会社の担当者は、どのように「内部統制の基本方針」を定めて開示しなければならないのか、この条文を読みながら頭を悩ませることになる。

しかし、この条文を読んで何か具体的なイメージが湧く人がいるだろうか。

いきなり「情報の保存及び管理に関する体制」である。なぜ、「情報の保存及び管理」がいの一番にくるのか、よく分からない。次に書いてあるのは「損失の危険の管理に関する規程その他の体制」である。ほかのところは「体制」なのに、なぜ、ここだけ「規程」なのか。これもよく分からない。次は「職務の執行が効率的に行われることを確保するための体制」とくる。なぜ、効率性がリスク管理と関係あるのか。謎は深まる。次にくるのは「法令及び定款に適合」とあるから、どうもコンプライアンスのことらしい。

それにしても、なぜこの順番なのだろうか、自分の会社のリスク管理とどう関係するのか、まったくイメージが湧いてこない。法律の条文を読んで意味が分からないのは自分がシロウトだからなのか。やはり、ここは法律の専門家に任せるしかないのだろうか。

実は、弁護士である私が読んでも（一応、私もコンプライアンスや内部統制の専門家のつもりだ）、何のイメージも湧いてこない。だから、普通の会社員がこれを読んでイメージが湧いてこなかったからといっておかしいことは何もない。

法律はどのような会社にも当てはまるように作られているので、会社の個性を無視して一般論で作られる（法律は「一般的な規範」であり、「個別的な規範」ではない、などと言われることがある）。だから、この条文を読んで具体的なイメージが湧かないのは、正常な反応なのだ。

会社の種類はいろいろだ。食品会社、機械メーカー、衣料品販売会社、ＩＴ系、情報通信系、不動産会社、商社、銀行、保険会社……というように千差万別だ。だから、それぞれの会社が、その会社の事業の特性から見てどのようなリスクがあり、そのリスクをどう予防するのが効果的かを考えて制度を設計し、それに抜けがないかを法律を参照してチェックするというのが本来のやり方だ。法律の条文がまずあって、それに自分の会社の制度を合わせるのは本末転倒で、「服に体を合わせる」ようなものだ。

しかし、その本末転倒がまかり通っている。だから、コンプライアンスはつまらない。

自分が毎日実際にやっている仕事と関係のない一般論のルールを読んで頭を悩ませるのが面白いはずがない。

2　二つの不祥事を題材に考える

ここでは、三菱自動車工業の燃費不正事件とNHK記者らのインサイダー取引事件という二つの大型の企業不祥事で設置された第三者委員会の調査報告書を題材に、日本企業のコンプライアンスに欠けているものを検討し、必要なものは何かを考える。

三菱自工（MMC）の燃費不正事件

二〇一六年四月、三菱自動車工業（MMC）が製造・販売している自動車について、国土交通省に審査申請をした際、燃費試験データについて、燃費を実際よりも良く見せるため不正な操作が行われていたことなどが明らかになった。この致命的な不祥事でMMCは自力で更生することが困難となり、日産の傘下に入ることになった。

MMCでは、二〇〇〇年と二〇〇四年と連続したリコール隠し事件など不祥事が相次ぎ、そのたびにコンプライアンス施策を打ち出して再発防止に取り組んできた。にもかかわらず、なぜ燃費データの不正が続いていたのだろうか。

この不祥事を調査するために設置された第三者委員会（委員長：渡辺恵一弁護士）は、二〇一六年八月一日に調査報告書[2]を公表した。

この報告書は日本企業が陥りがちなコンプライアンス施策の間違いを明らかにするだけでなく、あるべき方向性を示す優れたものだ。報告書は、再発防止策として次のように述べている。

コンプライアンス研修・教育の実施といった意識改革や監査体制の強化などの再発防止策は、これまでにも、MMCにおいて、形を変えて、幾度となく実施されてきた（中略）しかし、MMCにおいて、こうした再発防止策がそのままでは機能しないであろうことは、過去の度重なる不祥事を経たにもかかわらず、本件問題が発覚しないまま継続してきたという動かし難い事実からも、容易に想像できる。（中略）従業員の中には、これまでに講じられてきた数々の再発防止策を「こなす」ことに時間を奪われ、本来の業務に時間を割けなくなってしまっている現状にストレスを感じている者も多くいる。このことを考えれば、MMCの従業員にとって「手垢の付いた」ものと受け止められてしまうような再発防止策を提示したところで、従業員の士気を下げてしまい、コンプライアンスを軽視する風潮を変えられないばかりか、かえって助長することにもなりかねない。

自動車がユーザーにとって特別な魅力を持ち続けるために、自動車メーカーは、ユーザー以上に特別な思い入れを持って、クルマ作りに向き合う必要がある。そのためには、自動車メーカーは、目指すべき方向を明確に定め、経営陣及び全役職員に至るまで、一丸となってクルマ作りに取り組む必要がある。この方向が明確に定まっていないと、クルマ作りに関わる人たちが様々な問題に直面したり迷ったりした際に、立ち返るべき理念がなくなってしまい、ひいては、会社全体としてのクルマ作りが迷走してしまう。そして、最悪の場合には、立ち返るべき理念がないがゆえに、利益という分かりやすい目的の追求のために、目の前にある問題やプレッシャーから目を背け、そこから解放されようとして、自動車に対して、絶対にしてはいけないことをしてしまうのである。自動車メーカーとして目指すべき理念が存在し、その理念が経営陣や一人ひとりの役職員に共有されてさえいれば、その理念を台無しにするようなことは誰もしない。大好きな自動車に嘘をつくことはないのである。

ＭＭＣにとって、最も大事な再発防止策は、そこで働く人たちの思いが一致することである。そのためには、ＭＭＣはなぜ自動車メーカーであったのか、なぜ自動車メーカーであり続けなければならないのか、どのような自動車を開発しこの世に送り出したいのか、そういうことをとことんまで話し合い、一つの共通する理念を見つけ出し、それに共鳴する者の集団になることである。自動車を製造して販売することは、単なる利益追求のツールではない。ユーザーも、開発する者も、製造する者も、販売する者も、みんながワクワクする自動車をこの世に送り出すこと、それこそが自動車メーカーとして忘れてはならない矜持なのではないか。

NHK記者らのインサイダー取引事件

二〇〇八年一月、NHKでは、記者（二名）とディレクター（一名）が、放送前のニュース原稿を利用したインサイダー取引を行い、これが摘発されるという深刻な不祥事が発生した。そのニュース原稿は上場会社であるゼンショー（牛丼のすき家）とカッパ・クリエイト（かっぱ寿司）の業務提携をすっぱ抜く特ダネであり、両社の株価が急上昇する内容のものだった。そこで原稿を見たかれらは、放送前に両社の株を購入して、濡れ手で粟の利益を得たのだ。

報道機関には、国民の「知る権利」に奉仕するために取材の自由という特権を与えられている。三名の記者たちはこの特権を悪用して自分たちの私利を図った。NHKは厳しい非難を浴びて、会長以下の多数の理事が辞任に追い込まれ、受信料支払い拒否が激増するという事態になった。

NHKもMMCと同じように、それまでも不祥事を繰り返し、そのたびに再発防止を図ってきた。にもかかわらず、なぜ不祥事が繰り返されるのだろうか。

この事件を調査するために設置された第三者委員会（委員長は久保利英明弁護士。筆者も委員の一人）は、二〇〇八年五月二七日に調査報告書[3]を公表した。報告書は次のように述べている。

NHKでは、平成一八年四月に「カラ出張」問題が発覚した後、「不正根絶」に向けて「全部局業務調査」が行われた。これは、過去七年間のすべての経理データ（約三〇〇〇万件）を対象にして、「書類等を個別に確認する」というものであり、総勢四〇八名の調査体制で、同年八月から一二月までかけて実施された（中略）これは常軌を逸した調査といわざるをえない。この調査は、何のために調査をするのかという本来の目的を見失い、調査自体が自己目的化するNHKのコンプライアンス施策の特質を端的に示すものと言っても過言ではない。

さらに、次のような例も報告されている。

- 記者に交付されるタクシーチケットの制限が自己目的化し、不意の取材や深夜にわたる取材が困難になった。
- 経費の不正使用を防ぐための書類作成業務が膨大になった結果、残業が増加した。
- 外部委員が地方の放送局に現地調査に赴いた際、交通費精算のために市内の地下鉄料金の領収書（証明書）の提出を求められた。

NHKのコンプライアンス施策に見られるこのような後ろ向きの形式主義的対応は、現場を疲弊させ、役職員の士気、プライドを低下させる。このような状況は、倫理観やプロ意識を劣化させ、経費不正とは別の新しい形の不祥事（インサイダー取引はその一つである）を発生させる土壌になるだけでなく、良い番組を作ろうという現場の制作意欲を失わせることにもつながりかねない。

当委員会は、インサイダー取引を犯したXディレクター、Y制作記者から直接事情聴取を行ったが（中略）かれらから「ジャーナリストとして許されないことをしてしまった」というプロとしての心からの悔悟の言葉は聞くことができなかった。（中略）この状況が端的に示すのは、この期に及んでも本件の本質を理解できない三名のジャーナリストをＮＨＫの報道部門が育ててしまったという事実である。

当委員会は、調査の過程で「報道とは何なのか、ジャーナリストはどうあるべきか、我々は何のために報道の仕事をしているのか、という青臭いが本質的な議論が行われなくなった」「日々の業務に追われ、上司・部下のコミュニケーションが乏しくなり、先輩が自らの体験を一対一で話す機会が少なくなった」という多くのＮＨＫ記者、ディレクターの声に接した。

（中略）どのように厳格な規則やシステムを作り、座学研修を受けさせても、それによって当然にジャーナリストとしての誇りが生まれてくるものではない。ジャーナリストの誇りは、日々の仕事の経験の中で先輩の背中を見ながら、基本的には「現場」でしか身につけられないものではないかと思われる。以上より、当委員会は、現場を通じて三名にジャーナリストとしての誇りを持たせることができず今回の危機を招いたＮＨＫの報道部門全体（特に幹部）に重大な責任があると考える。

三菱自工とＮＨＫのコンプライアンスに共通するもの

ＭＭＣとＮＨＫのコンプライアンスに共通していたのは何か。それは、一人一人の社員の立場から見たとき、コンプライアンスというものが「なぜ、私たちはこの企業で働いているのか。何をやりたいのか」ということとは無関係の「やらされ感」をもたらすものに過ぎなかったということだ。つまり、コンプライアンスと社員にとっての働く意義とが分断されていた点が両社の共通項といえる。

企業不祥事は、業績プレッシャーや悪しき慣習などのいろいろな原因で発生するが、不正行為をするのは、一人一人の社員だ。そして、その社員が自分の仕事に誇り・プライドを持っていれば最後の一線で不正を思いとどまるはずだ。逆にそれがなければ周囲のプレッシャーに負けて不正に手を染めてしまう。この意味で、コンプライアンスの基盤となるのは社員の誇り・プライドだということになる。そして、社員に誇り・プライドをもたらすものは「自分はなぜ、この会社で働いているのか」というストーリーだ。

先に述べた銀行の「支店」にマルをつけなければ書類を送り返すといった重箱の隅をつつく法令順守対応、企業の実態を無視し法律の条文から始める内部統制、ＮＨＫの三〇〇〇万件調査、ＭＭＣの屋上屋を架すコンプライアンス施策は、どれもストーリーとは無縁なものだ。膨大な労力をつぎ込み、社員のやる気を失わせるばかりのコンプライアンス施策は、ストーリーの欠如がもたらした結果だといえる。

何のために企業はあるのかというストーリーを示すのは経営者の役割だ。それを示さずに、ただ「コンプライアンス！」と叫び、ルールによる締め付けに走るばかりの経営者の責任は大きい。

COLUMN

「監査法人のガバナンス・コード」検討会での議論

オリンパスや東芝といった大規模な不正会計事件の発生を受けて、それを見抜けなかった監査法人に対して、その役目を十分に果たせていないのではないか、という批判が高まった。金融庁は、監査法人の組織的運営（ガバナンス）の不全がその一因になっているとして、検討会（筆者も委員の一人）を設置した。

検討会は、二〇一七年三月三一日、「監査法人のガバナンス・コード[4]」を策定して公表したが、検討会では、監査法人（公認会計士）が批判にさらされることで萎縮しているのではないか、もっとプロとしての誇りを重視すべきではないかという議論がなされた。この点について、検討会の速記録[5]から筆者の発言を（文章を少し整理して）引用する。

● 私が危惧しているのは、「監査法人が縮こまってしまっている」という点です。ある大手監査法人では「ノーペーパー、ノーワーク」と言われているそうです。紙（監査調書）をつくることが自己目的化している。すなわち形式的な網羅性ばかりが重視されて、膨大な時間がアリバイとしての紙をつくることに費やされている。

● もう一つは、ややタッチーな話なのですけれど、「調書に記載することは選択しながら書きなさい」というような指導も一部ではなされていると聞いています。「まずいことは書くな」と。なぜならば、後で裁判になったときに証拠になるかもしれないからというんですね。でも、本来の監査は、「気になったことをきちんと記録に残し、そこからだんだん掘り下げていく」もののはずなのに、「責められない」ことが自己目的になって、気になったことを「見なかったことにする」という動きが現実にある。

● また、会計というのは自動的に答えが出てくるものではなくて、解釈の余地があって、新しいビジネス分野の会計処理にはいろいろな見解があり得るわけですね。しかし、「金融庁に怒られない」という保身が第一なので、「とにかく不確実なことがあればノーと言う」という動きが、特に大手監査法人を中心に見られている。「困難な会計問題を抱えているベンチャー企業などの監査業務は受けませんよ」と。

●でもそれでは、国の成長戦略の中で発展の可能性がある企業を単に締め上げて、監査人としてサインをしないという形で成長の芽を摘むことになってないかということです。監査法人はゲートキーパーなのですが、「不正をゲートでとめる」というだけでなく、「通すべきものを通す」というポジティブな意味合いがとても大事だと思うのですけれども、今は、とにかく危ないことはやめるという方向になっている。

●ガバナンス・コードの目的は、監査法人を締め上げることではなくて、いかにプロフェッショナルとしての誇りを高め、監査水準の向上を図り、そして成長の後押しをするかということを明確にすることが大事だと思います。しかし、そこが今、逆ぶれというか、縮こまる方向に行っているので、このガバナンス・コードでも自由闊達さというか、プロとしての誇りというか、そういうところをいかに高めるのかということを入れていく必要があるのではないかなと思います。

監査法人のガバナンス・コードは、その「原則1」で、「監査法人は、法人の構成員による自由闊達な議論と相互啓発を促し、その能力を十分に発揮させ、会計監査の品質を組織として持続的に向上させるべきである」と規定した。

「自由闊達」という文言が入ったこの原則が実現できるかは、監査法人側の意思にかかっている。

3 危機管理の成功事例で「ものがたり（ストーリー）のあるコンプライアンス」を考える

ここでは、筆者が弁護士として実際に関与した三つの事例をあげて「ものがたり（ストーリー）のあるコンプライアンス」について考える。ここでいう「ものがたり」とは、危機的状況に陥った企業の経営者が逆境を乗り切る際に、支えとなった一本の背骨のようなもの、あるいは関係者の肉声で語られる悩みや決断、危機の克服の実際の記録といってよい。

A社の事例――談合組織からの離脱

一九九〇年代まで日本は談合社会だったが、その後、独占禁止法の適用強化などで談合が厳しく摘発されるようになり、二〇〇〇年代に入ると業者間の談合は激減した。

しかし、官製談合と言われる官庁が主導する談合は、「役所の指導があるのだから許されるのではないか」という意識もあり、根強く残っていた。

このような時代背景で、A社が置かれた状況は次のようなものだった。

- A社は、全国の公共施設（主務官庁は〇〇省）にある高額製品を販売・納入していた。
- この製品は〇〇省の認可を受けなければ販売できない製品であり、〇〇省は業界に対して強い権限を持っていた。
- 〇〇省のOBが天下ってつくっている財団法人（X会）がある。X会は全国の公共施設の入札を仕切っていた。すなわち、A社、B社、C社、D社という業者は、X会の仕切りにしたがって順番に落札するという慣行が長年にわたって行われていた。
- X会が仕切る公共施設への製品販売はA社の売上の二割に達しており、A社としてはX会と良好な関係を維持することが営業上極めて重要だった。逆にX会との関係が悪化すると売上に多大な悪影響が及ぶことが懸念された。

A社の法務部門から「X会の仕切りでの入札行為は談合となる可能性がある。X会との関係を見直す必要があるのではないか」という問題提起がなされ、弁護士である筆者と法務部はX会との絶縁を提案した。

これに対して、営業担当取締役（役員会の中でももっとも声が大きい）は「業者だけの談合とは違う。お役所公認でやっている。だから捜査機関も手を出さないだろう」「他社もやっている。当社だけがX会と事を構えると業界秩序が保たれない」「タテマエやきれい事だけで仕事はできない」「やり方を工夫すれば談合と言われないのではないか。それを工夫するのが法務の役割ではないか」という議論を展開した。

こうしてA社では、独占禁止法などの法令に触れない形でX会との関係を維持していこうと主張する人（法令違反を回避しつつX会との関係の維持を主張する「継続派」）と、そもそもX会と関係を持つこと自体が問題であるから関係を遮断すべきだと主張する人（法令の趣旨・精神を重視する「遮断派」）との二つの主張が対立することになった。

継続派は、X会と関係を遮断すると官公庁との関係がぎくしゃくして仕事を失うおそれがあるという現実論を拠り所に、厳格な法律解釈論により「ぎりぎりセーフ」となるラインを示すことを求めた。営業担当取締役は筆者に対して、「法律を駆使して依頼者である我が社を助けるのが弁護士の仕事ではないか。ダメ出しばかりでは弁護士に依頼した意味がない」と言い放った。これに対して筆者は、「ダメなものをダメだというのが弁護士の役割だ」と反論し、役員会は険悪な空気に包まれた。

私たち遮断派の論拠は、そもそもX会という存在自体が法令の趣旨・精神に反することであり、今後、独占禁止法の適用が厳しさを増すことが予測される状況でX会と接触を保ち続けること自体が危険であり、このリスクはX会との関係遮断による売上減少などと比較できないほど大きいというものだった。

このような中、最後は社長が決断した。

「私は、コンプライアンスは法令の文言ではなく趣旨・精神を尊重することだと社員に宣言した。私が言行一致でなければ社員はついてこない。X会との関係は遮断する。これで当面の売上が減少しても、それは自分の責任として受け止める。営業担当者の責任は問わない。正々堂々と入札を行い、長い目で見た勝ちにつなげよう」と明確に宣言した。

社長の決断にしたがい、A社では徹底した官製談合防止制度を設け、X会との絶縁を実行した。

このような状況で、継続派の不安は現実化した。A社はX会との関係を遮断した直後から○○省関係の入札ではひどいイジメに遭い、○○省関係の入札から事実上締め出されることになった。この結果、A社の売上は二割近く減少した。業界紙でも「A社の営業力低下」といったネガティブな記事が続くことになった。

しかし、トップは揺らぐことなく、「一時的な売上減少は想定の範囲内」として、コンプライアンスの一層の徹底を指示した。

A社の苦戦は二年間も続いた。

そんなある日、X会が主導する官製談合が一斉に摘発され、X会の幹部と他社の担当者たちが逮捕されるといった重大事件に発展した。しかしA社が摘発されることはなく、その業績は急速に回復していった。

A社の社長の対応には「ものがたり」がある。言行一致を貫き、「責任は自分で負う」と宣言し、その後の業績低迷期においても動じない社長の行動は、一人の経営者（というより一人の人間）としての誠実な悩みと決断、そして我慢のプロセスであり、一つの「ものがたり」となっている。

A社のものがたりには、サイドストーリー（エピソード）もある。

社長がX会との絶縁を決定した役員会のあとで、議論を闘わせた営業担当取締役が私のところに来て、こう言った。

「國廣さんにはずいぶんと失礼なことを言ってしまい、申し訳ありませんでした。自分は営業の数字に責任を負う立場上、あのようなことを言いましたが、実は内心では、〝自分がいつか逮捕されるんじゃないか〟と、ずっと心配で、夜もおちおち眠れませんでした。でも、社長があのような決断をしてくれたので、すっきりしました。これからは安心して仕事ができます。X会関係以外の仕事に精を出して頑張ります」

本来のコンプライアンスとは、このような「ものがたり」を伴うものだ。ものがたり・エピソードのないコンプライアンスはただの書式集に過ぎない。面白くもない。面白くないコンプライアンスは実効性を伴わないただの苦痛でしかない。

B社の事例――「損失飛ばし」商品への対応

バブル期に多くの日本企業は「財テク」に走った。財テクで本業の利益の何倍もの利益（あとで見れば見せかけの利益だったのだが）をあげる企業が次々に現れた。

しかし、バブル崩壊によってこれらの財テク商品は、巨額の含み損となって企業にのしかかることになった。

この状況につけ込もうとする一部の外資系金融機関が、困っている日本企業に「損失飛ばし商品」を売りつけることが盛んに行われた。このような商品にはいろいろな種類があるが、たとえばデリバティブ（複雑な金融派生商品）とＳＰＣ（特別目的会社。ケイマン諸島やバハマなどに設立したペーパー会社）を組み合わせて、損失を海外に「飛ばし」て、会計上、見えなくする商品、要するに、会計規則の網の目をくぐり抜ける商品だ。

あるとき、二〇〇億円を超える財テクの損失を、このデリバティブ商品で海外に「飛ばし」ていたB社の法務担当役員から筆者のところに「損失を開示したい。開示不要という財務部と監査法人を説得してほしい」という相談がきた。

B社から損失の「飛ばし」を受けたＳＰＣはB社と無関係を装っている。しかし、どんなに複雑な法律形式を用いてＳＰＣの素性を分かりにくくしても、そもそもＳＰＣはB社が作ったペーパー会社だという事実に変わりはない。「B社がＳＰＣとの関係性を見えなくするテクニックを駆使する」ということは取りも直さず「ＳＰＣはＢ社と関係がある」ということだ。

筆者は損失の開示を強く求めた。

これに対して損失開示に反対する財務部門は、会計規則の詳細な解釈論を展開して「このような状況の開示を強制するルールはない」と主張した。財務部の真意は、実際は損失がＢ社に属していることは理解しつつ「損失開示を先送りして、次の機会を待つべきだ。今、開示したら自社の信用が失われて株価が下がり、顧客離れが生じるかもしれない。ルールを厳格解釈すれば、非開示はぎりぎりセーフとなる」というものだった。監査法人も（これまでＢ社が損失を開示してこなかったのをオーソライズしてきたことも理由と思われるが）、「開示を義務づけるルールがない」の一点張りだった。

最後に創業者である社長が決断した。

かれはこう言った。「國廣弁護士と監査法人の論争は、法律的・会計的にどちらが正しいか、自分にはよく分からない。どちらにも一理あるだろう。しかし、私は自分の胸に手をあてて考えてみた。自分たちは町工場から始めて、良い製品を作るために真面目にこつこつやってきた。その努力で一部上場企業になり、海外にも工場を建てた。でも、私たちはバブルで目がくらんだ。初心を忘れて財テクに走った。これは間違いだった」「損失をいつまでも抱えていくのも間違いだ。初心に帰るためには、間違いの結果を正すことから始めなければならない。理論から考えるのではなく、会社として正しい対応をするために損失を開示しよう」

社長の決断にしたがってB社は二〇〇億円を超える損失を開示した。この結果、株価は大幅に下落した。

しかし、その後B社の株価は回復していき、損失開示前の水準を大きく超えるものになった。「B社には大きな損失が隠されているのではないか」という不安材料が払拭され、開示に前向きな姿勢が積極的に評価されたからだ。

B社の対応にも「ものがたり」がある。町工場から始めた良い製品を作るための努力と会社の発展。バブルに目がくらんだトップの判断ミス。自らの間違いを正面から受け止め、現実に果敢に立ち向かおうとする決意。このような「自分の会社はどうありたいか」という「ものがたり」を語る力がコンプライアンスの本質だ。法令の細かい解釈や会計規則の網の目をかいくぐるテクニックは本来のコンプライアンスとは無縁のものだ。

すき家の事例

二〇一四年、牛丼チェーンの「すき家」では、多くの従業員の退職やアルバイトの採用難により深刻な人手不足に陥った。すき家では、四月時点で一〇〇を超える店舗が休業に追い込まれ、これ以外の一〇〇店舗以上でも深夜・早朝営業ができなくなった。この人手不足の原因は、ブラック企業と呼ばれる過酷な労働環境にあった。

そこで、すき家を運営する株式会社ゼンショーホールディングスは、『「すき家」の労働環境改善に関する第三者委員会』（委員長・久保利英明弁護士。筆者も委員の一人）を設置し、事実関係の調査と、このような状況をもたらした原因の究明と再発防止策の提言を求めた。

二〇一四年七月三一日、第三者委員会は調査報告書[6]を対外公表して、記者会見を行った。

第三者委員会は調査報告書で、「ワンオペ」（一人だけで店を切り盛りさせられる）や「回転」（二四時間連続勤務を「一回転」という。二回転も多く行われていた）といった過酷な状況と社員の赤裸々な声をつぶさに明らかにした。調査報告書はリアルな「現代の蟹工船」としてマスコミやネットで数多く取り上げられた。

これだけだと、ただのブラック企業の断罪に終わってしまうところだ。しかし、第三者委員会はすき家の成り立ちから明らかにしていった。

すき屋は小川賢太郎氏が裸一貫で創業して、一店舗から始めた店だ。かれの理念は、「おいしく安い牛丼を日本中に二四時間三六五日提供する」「さらに世界の食糧難の解決にも寄与する」という壮大なもので、すき家はこの理念に基づいて大きく発展してきた。すき家では小川氏を始めとする創業メンバーたちが、理念を実現するために身を粉にして働いてきた。かれらにとっては二四時間連続して働くことなど、何でもないことだった。

ところが、すき家は急速に発展した。そして瞬く間に一〇〇店舗を超え、一〇〇〇店舗になり、ついには二〇〇〇店舗を数えるまでになった。そして、経営幹部たちは、すき家に入社してくる社員は皆その理念を体現したいという熱い思いを持っている（持つべきだ）と思い込んでいた。しかし、そのようなことはあり得ない。社員の意識と現実を見ようとしない経営幹部の意識はどんどん乖離していった。

調査報告書から、第三者委員会による経営幹部たちのヒアリング（Q＆A）を引用する。

Q「（過重労働問題への対応として）営業時間を短縮するという話は？」
A「ない。考えたこともない」
Q「所与の条件なんだね？」
A「営業時間を短縮したからといって評価が下がるとか、地位が落ちるとか、そういう話ではない。守るべきものとして、24時間３６５日というのはあり、苦しいからやめるというのは一度も言ったことはない。絶対に閉めない、というのがあり、そこで労働基準監督署とか労働環境を考えたことはない。新入社員が体を張っていた事実はある。それは会社のルールで仕方なくやっていたのか、自分の思いでやっていたのかは、やる人間によって変わる」
Q「24時間、３６５日にこだわらなくてもいいという声もあるが、どうか？」
A「会社として、方針として24時間、３６５日やるのは必須。自分自身もやるべきだと思っている。儲けだけ考えればやらない方がよい。深夜営業をやるのはストレス。すき家以外のグループ会社に行った時は初めて深夜安心して眠れた。しかし1日の4分の1は深夜帯の売り上げ。2000店舗あってお客様にも来ていただいている。社会インフラになりつつある。そういう期待があるのに閉めるかというと、どうか」

Q「恒常的に長時間労働が生じていたと思うが？」

A「自分も、月500時間働いてきた。今にしてこうなったかというと、そうではないと思う。結果ひどいことになって店舗クローズしたが、過去にもこういうことがあり、その都度、立て直しをしてきた」

Q「あなたが500時間頑張れた理由は何か？」

A「自分はGM（ゼネラル・マネージャー。数百店舗を管理する幹部）になりたいという目標があった。また、クルーも同じくらい働いていた」

Q「部下の仕事に対する姿勢や考え方はどうか？自分と比べても」

A「レベルが低いと思う。AM（エリア・マネージャー。数店舗を管理する）はもっと店を好きになってほしい。今きっと嫌いなのだと思う」

Q「どれくらいまで耐えられると思っているのか？正直、今、上にいる人たちは勝ち組であり、全員が耐えられるとは思えない」

A「自分たちの方がしんどかったという自負はある。それを乗り越えるためにはクルーを巻き込んで上手く回す必要がある。しかし、最近はそういう人が少なくなった」

Q「牛すき鍋のマニュアルを見たが、設定されている時間内で作業を実施するのは至難と思われるが？」

A「（マニュアルの標準タイムとは、実は最速時間であるが）そこまでやってきたからこそ、どこでもできるようになる。それを今の若い人に教えたい」

Q「GMになるにはどんな資質が必要か？」

A「逃げない心」

このような発言は、経営幹部たちのマインド、つまり強力で揺るがない理念で仕事に邁進してきた姿と、過去の成功体験にとらわれて現実が見えなくなっている状態に陥っている姿を浮き彫りにしている。

これだけだと、すき家の対応はただの失敗例でしかないように見える。しかし、すき家が優れていた点は、一回大きく転んだ後に、第三者委員会の調査報告書を極めて真摯に受け止めたところにある。すき家は、ただちに二〇〇店舗を閉店し、従業員（アルバイトを含む）を「同志」ではなく、大切な「労働者」と位置づけ、徹底して労働条件の改善に向かっていった。

調査報告書は、最後に次のように述べている。

「日本一の外食産業」となったすき家は、そしてゼンショーグループは、好むと好まざるとにかかわらず、社会的責任（CSR）を果たすべきパブリックな存在となった。

今回の事態は、「外食世界一を目指す小川CEOの下に、その志の実現に参加したいという強い意志をもった部下が結集し、昼夜を厭わず、生活のすべてを捧げて働き、生き残った者が経営幹部になる」というビジネスモデルが、その限界に達し、壁にぶつかったものということができる。

小川CEOは、これまでのビジネスモデルに限界を感じ始めていたものの、経営幹部の中に、この思いを共有し、共にビジネスモデルの転換を推進しようとする者はいなかった。また、小川CEOも自らの言う「成功体験に基づく共同体意識」に足を取られ、ビジネスモデルの転換を実現することができなかった。

今回の調査において、小川CEOをはじめとする経営幹部は、この問題の解決に真剣に取り組む意向であることを繰り返し表明している。第三者委員会は、これらの経営幹部が当委員会の指摘や提言を真摯に受け止め、これを誠実に実行することで、自らの姿勢を内外に示すこと、そして、今回の問題を機に、企業の体質や経営態勢を抜本的に改善し、食という重要な社会インフラを担う信頼できる会社として再スタートすることを期待している。

ある経営幹部は、

「軽視されていたことが見直されるいい機会と捉えている。私たちも、この規模になったら、現実がこれではいけない」

と述べ、別の経営幹部は、

「当たり前のように成長をしていたのだが、いつの間にか吉野家を抜いて、マックを抜いた。CS(Customer Satisfaction:顧客満足度)もフェアトレードも本気で、会社としての理念をもってやっている。なぜ24時間、365日開けないといけないのかという疑問にも何度もぶつかった。そこは、社会インフラとして開けていなければいけないと思ってやっていた。でも、今回の件で気付かされた。CSを強くもちすぎて、ES(Employee Satisfaction:従業員満足度)を置き去りにしてきた。100店舗の会社だったら社会に与える影響も少ないが、大きくなり外食産業を引っ張る企業としては、労務環境をやって行かなければいけない」

と述べている。

すき家の事例には「ものがたり」がある。

トップが裸一貫で始めた理念経営と同志たちの超人的な献身による革命的ともいえる大成功。しかし「成功は失敗のもと」となり、ビジネスモデルの転換に遅れをとり、致命的ともいえるブラック企業批判にさらされる状況。そこから一転して自らの置かれた状況を自覚し、第三者委員会を設置して調査報告書を公表するという荒療治を選択し、理念は保ちながらビジネスモデルの大胆な変革を実行して復活を目指す断固とした決断。

本来のコンプライアンスとは、このような「ものがたり」を伴うものだ。逆境にあっても（あるいは逆境だからこそ）「自分の会社はどうありたいか」という「ものがたり」を語る力がコンプライアンスの本質だということを、すき家の事案は示している。

ものがたりのあるコンプライアンスはオモシロい

二つの失敗事例（三菱自動車工業、ＮＨＫ）と三つの成功事例（Ａ社、Ｂ社、すき家）を通して見えてくるものは「ものがたり」があるか、ないかということだ。

一橋大学大学院の楠木建教授は、その著書『ストーリーとしての競争戦略――優れた戦略の条件』（東洋経済新報社）で多くの実例をあげながら「経営の神髄は思わず人に話したくなるような面白いストーリーにある」ことを明らかにしている。楠木氏の著書は経営そのものについて語るものだが、同じことはコンプライアンスや危機管理にも当てはまる。

コンプライアンスや危機管理は、経営と離れたところにあるのではなく、経営そのものといえる。だから、具体的なストーリーが不可欠だ。

「自分自身がルールに従って経営すると宣言した以上、目先の痛みがあっても愚直にそれを実践しよう（A社）」

「自分たちは町工場からコツコツやってきた。でも目先の金に目がくらんだ。だから、初心に帰って悪いものを吐き出そう（B社）」

「自分たちのビジネスモデルが時代にそぐわないものになっているのに気づきが遅れた。だから、方向転換して出直そう（すき家）」

という具体的な「ものがたり」、ストーリーに基づく実践が本物のコンプライアンスなのだろう。それを欠く書式集やチェックリスト頼みの重箱の隅をつつくコンプライアンスは効果がなく、社員を疲れさせるだけのものに過ぎない。

危機管理やコンプライアンスの実務で体験する具体的なエピソードは、「切れば血が出る」「みずみずしい生のもの」だ。どんな会社でもコンプライアンス問題、不祥事は起こりうる。そのときに、これにどう立ち向かうのか。経営者や社員の中には、保身に走る人もいれば、正面から立ち向かう人もいる。このせめぎ合いの中に「人としてのものがたり」があるはずだし、なければならない。

コンプライアンスは危機管理の実体験に根ざした実践的なリスク管理論であり、机の上でのお勉強やチェックリストを埋める作業は、本来のコンプライアンス実務とはまったく異なる。

これはやっても意味がないし、MMCやNHKのような「屋上屋を架す」対応は組織を疲弊させ、想像力や働く喜びを奪い、企業を弱らせる。かえって不祥事を発生させるリスクを高めるだけだ。

紹介した三つの危機管理の成功例は比較的大きな経営者の決断の話、つまり「大きなものがたり」ではあるが、現場のコンプライアンスにも通じるものがある。筆者はコンプライアンスの仕事をいろいろな会社でやっているが、それは日々の「小さなものがたり」の積み重ねだ。日常的な営みの中にも「家に帰って家族に思わず語りたくなる」ような「小さなエピソード」はたくさんある。そして、これらのエピソードはオモシロい。

「大きなものがたり」と「小さなものがたり」は、つながっている。どちらであっても、その面白さの原動力となるのは、われわれの会社は何のために存在しているのかという企業理念と、自分はなぜこの会社で働いているのかというモチベーションだと思われる。

このような議論は、「青臭い」と言われることもあるが、優れた業績を継続的にあげている会社は、真剣かつ愚直に企業理念と一人一人の社員の働くことの意味を追求している。そして、このようなホンネの議論を怠って、書式集に頼りきりのコンプライアンスに止まっている会社は持続的な成長が望めないというのが現実なのではないだろうか。

［注］

1　正確に言えば「法律」ではなく、「会社法施行規則」なのだが、この本では会社法でも会社法施行規則でも「要するに法律だ」として話を進める。

2　https://www.mitsubishi-motors.com/content/dam/com/ir_jp/pdf/irnews/2016/20160802-02.pdf

3　http://kunihiro-law.com/files/fm/52429c141psyaosbifp8c_0_16.pdf

4　https://www.fsa.go.jp/news/28/sonota/20170331-auditfirmgc/2.pdf

5　https://www.fsa.go.jp/singi/governance_code/gijiroku/20160912.html

6　http://discloawards.com/disclose/7550-14-07-31.pdf

第2章

日本型企業不祥事の根本にあるもの

神戸製鋼所を始めとして多くの「一流」とされるメーカーで、品質不正（データ偽装）事件が明らかになっている。

本章では、これらの不正行為が起こった要因を分析し、その根本原因が日本の企業文化やデジタル化への対応の遅れにあることを明らかにする。その上で、信頼回復の方向性を多角的に検討していく。

また、誰もが小さな不正をする可能性があることを示した行動経済学の知見を紹介しながら、不正を防ぐための方向性を考えていく。

さらに、日本の組織に特有の「同質性」と「空気」の問題を実例で示し、その克服の方策を検討する。

1　品質不正事件について考える

品質不正の多発

日本の製造業の品質（データ偽装）事件が多発している。神戸製鋼所（アルミ製品、銅製品など）、東洋ゴム工業（免震積層ゴム）、ＫＹＢ（免震装置）、旭化成（建設用杭）、ジャパンパイル（建設用杭）、三菱マテリアル（アルミ製品、コンクリート原料など）、東レ（自動車用ホース、ベルト用コードなど）、宇部興産（汎用樹脂など）、日立化成（半導体材料など）、ＩＨＩ（航空機エンジンなど）、日産（完成車検査など）、スバル（完成車検査など）、スズキ（完成車検査など）、レオパレス21（アパートの施工）……といった大手企業やそのグループ会社で次々に問題が発覚している。

これらの不正の連鎖は日本メーカーの製品の品質に対する国際的信用を失墜させ、消費者の不安を増大させることになった。

ではなぜ、一流と言われてきた日本の製造業で、このように品質不正が多発しているのだろうか。

理系の技術者は文系の営業に比べて誠実？

一〇年ほど前、筆者はあるメーカーの役員・幹部社員向けにコンプライアンスのセミナーを行ったことがあった。

そのとき、その会社の担当者が「製造・技術部門以外の役員と幹部社員は皆、参加しています」と言うので、私は「どうして製造・技術部門の人に声をかけていないんですか？」と聞いた。すると「これはコンプライアンスのセミナーですから」という答えが返ってきた。多分、その担当者の意識は、悪さをするのは営業などの「文系」の人間であり、「理系」の技術者は真面目な人たちで問題を起こさないからコンプライアンスのセミナーに出席する必要はないというものだったのだろう。

日本には「ものつくり」についての神話がある。品質については絶対に妥協しない職人気質の人が揃っていて、それが日本の技術力を支えているというものだ。

しかし、技術者も日本のカイシャの社員であることに変わりはなく、忖度もする。基準値に少しだけ達していないからといって出荷を止めてしまうとみんなが困る、少しくらいは「誤差の範囲」ということにして目をつぶってしまおう、元々の基準がハイレベルなのだから事故につながるわけでもなし、と考えても不思議はない。だから、技術者(理系)=真面目=コンプライアンスの対象外、という思い込みは捨てなければいけない。

さらに言えば、企業の品質不正だけでなく、STAP細胞問題以降、データねつ造などが明らかになった大学や研究機関などでの研究不正の多発、また「毎月勤労統計調査」の不正に端を発する厚生労働省の「統計不正問題」……といったようにデータを扱う分野の不正はコンプライアンス問題の一つの大きな固まりになっている。

そこで、神戸製鋼所の品質データ改ざん事件を例に、日本の製造業で発覚した品質不正問題の特徴を見ていくことにする。

神戸製鋼所品質データ改ざん事件

神戸製鋼所は、二〇一六年六月にグループ会社の神鋼鋼線ステンレスでＪＩＳ法違反が発覚したことをきっかけにグループ全体の品質監査を行った。この結果、多数の検査結果の改ざんやねつ造が発見されることになった。

調査結果によると、改ざんやねつ造の方法は多岐にわたるが、典型的なものとして神戸製鋼所本体の真岡製造所での不正は次のようなものだった。

- 品質保証部の行った製品の出荷前検査の結果が顧客仕様を満たさない場合、品質保証部のスタッフは、検査結果の保存されているシステムにアクセスし、数値が顧客仕様を満たすように検査結果の書き換えを行い、合格品として出荷させていた。このような検査結果の改ざんによる出荷行為を、真岡製造所では、「トクサイ」と呼んでいた。
- 製造部の行った検査結果が、顧客仕様を満たさない場合、製造部のスタッフは、それが顧客からのクレームにつながらない程度と判断したときは、社員に指示して、顧客仕様を満たす検査結果を検査票に入力させ、合格品として出荷させていた。

このような不正行為はグループ会社一九社で行われ、納品先顧客数は数百社に上っていた。

また、トクサイは遅くとも一九七〇年代から行われているなど、不正行為は長期間にわたって代々の担当者に引き継がれていた。

さらに、複数の役員（取締役、執行役員）は工場長や品質保証室長などであったときに不正行為を自ら行い、あるいはそれを知っていたが、自らやめることもしなければ報告もしなかった。

COLUMN

「特別採用（特採）」と「トクサイ」

特別採用とは不適格製品の取り扱いの手法として認められる国内の素材・部品業界で一般的な商慣行で「特採」と略される。顧客が要求した品質ではないが不良品とまではいえない場合、納期や数量を勘案すれば誤差の範囲として取り扱っても差し支えないとして、最終製品の品質に影響を与えないことを前提に、顧客に許可をもらって出荷することをいう。ただ、特採はあくまで例外的な応急措置で、できるだけ早く正規の品質基準に合わせるのが本来のルールだ。

これに対して「トクサイ」は、メーカー側が「この程度なら問題ないだろう」と自分で判断して、顧客の許可をもらわずに出荷し、しかもその後も正規の品質基準に合わせることなく出荷を続けること、いわば継続的な「勝手特採」を意味する。ここでは、「最終製品の品質に影響を与えない」かどうかの顧客によるチェックは存在せず、もちろん顧客の許可もない。

ＶＷの排ガス不正との違い

データ偽装などの品質不正は、外国でも起こっている。

二〇一五年九月、ドイツのフォルクスワーゲン（ＶＷ）による排ガス不正問題が発覚した。ＶＷは米国の排ガス規制をクリアするために、試験時だけ有害物質の排出量を抑える違法なソフトウエアを搭載し、ＶＷ、ポルシェ、アウディなどのブランドの約一一〇〇万台が道路走行中に試験時より多くの窒素酸化物（NOx）を排出していた。

ＶＷは二〇一六年には、米環境保護局に一四七億ドル（約一兆五〇〇〇億円）の和解金を支払い、二〇一八年六月には独検察当局に一〇億ユーロ（約一三〇〇億円）の罰金を支払い、さらに二〇一九年四月には元社長が独検察当局から起訴されている。

ＶＷの排ガス不正問題の特徴は、経営層の指示で組織的に違法なソフトウエアを搭載していたという点にある。つまり、トップダウンの犯罪だ。その犯罪に加担したのはおそらく中枢部門の者が中心で、大多数の現場の作業員はそのような不正が行われていることを知らなかったと思われる。

これに対して、神戸製鋼所事件に見られるような日本企業の品質不正は、明確な指揮命令系統にしたがって行われたものではない。現場で「いつの間にか」「誰からともなく」「阿吽（あうん）の呼吸」で始められ、長年の習慣として代々受け継がれてきたというものが多い。多くの役員（取締役、執行役員）が関与していたとされるが、現場で不正をやっていた人たちが年功序列で役員になったのであって、役員の指揮命令で不正が始まったわけではない。

ＶＷでは、違法行為であることを明確に意識して、確固たる意思で特殊なソフトウエアを作成して搭載していた。これに対して日本企業の品質不正の場合は、そのような明確な意識はあまり強くない。ＪＡＳ法違反といった法令違反の行為も比較的少ない。

確かに「よくないこと」という程度の認識はあっただろうが、「この程度なら許されるだろう」という勝手な思い込みや「これまでずっとみんながやってきたことだから、今さら自分だけがやめるわけにはいかない」という集団的な同調圧力が主要因だったと思われる[1]。つまり、「赤信号みんなで渡れば怖くない」というマインドだ。

日本の品質不正問題への対応の難しさ

原因が日本企業の特質にあること

日本の製造業の品質不正がトップダウン型ではなく現場主導の「赤信号みんなで渡れば怖くない」型であることは、この問題への対処を困難にしている。

不正の首謀者や指揮命令系統が明確であれば、そのような悪党を一網打尽に拘束して刑務所に入れてしまえば、問題は解決する。

これに対して日本の品質不正の場合は、少数の特別な悪人が存在しているわけではない。その部署に配属された人であれば、よほどの変わり者でなければ赤信号をみんなと一緒に渡ってしまう。

したがって、不正行為に関与してしまっている人の良心に期待するだけでは不正は効果的に防止できない。むしろ、不正への関わりがなく葛藤のない「外の目」（＝監査）を用いて予防や発見をする「仕組み」のほうが効果的だ。

この妨げになっているのが「現場第一主義」と「性善説」という日本企業の文化的特質だ。これが「ものつくりの現場」を絶対視する風潮を助長し、内部監査部門や品質監査部門の軽視につながっている。現場に土足で踏み込み、現場を疑いの目で見るような部署は強くしないという考え方だ。このため監査部門にエース級が投入されることは少ない。

しかし、多くの不正は現場主導で起こっている。現場については「性善説か性悪説か」という二者択一の発想ではなく、人は弱いもので周囲に同調してしまうという「性弱説」で理解しなければならない。同調圧力にさらされている人に「コンプライアンス意識を高めなさい」というだけでは解決にならない。現実的なリスク管理という観点からは、不正をしても発覚する、不正をやりたくてもできないという「仕組み」を整備することのほうが合理的だ。

日本企業は、リスク管理や監査といった間接部門に経営資源を出し惜しみしてきた。このことが、現在の状況を生み出した大きな要因になっている。今後は、持続的成長のためにはリスク管理が不可欠という現実を認識し、この分野にヒト・モノ・カネを十分に投入していかなければならない。

業界体質の問題

日本の製造業で発覚した品質不正の問題の特徴として、不正の多くは「B to B（企業対企業）」の分野で起こっていることがあげられる。素材メーカーである神戸製鋼所の納入先は大部分がメーカーであって、直接消費者向けの製品はない。しかも納入先の企業が不正をした企業に多額の賠償請求をしたという例はあまり多くないようだ。

「トクサイ」に見られるような安易な自己判断が横行する背景には「日本メーカーの品質は世界一」というおごりと、取引先との仲間意識がある。高度成長期以来、取引先と密接な関係を築きながら、より高い品質を求めていくことが日本の製造業の流儀だとされてきた。これは強みにもなる反面、無理に無理を重ねる状況を招くことにもつながった。

たとえば、完成品メーカーに求められる品質水準が一〇〇％とした場合、安心のために一五〇％で部品メーカーに発注する。部品メーカーは余裕を持って二〇〇％の水準を素材メーカーに求める。素材メーカーは一八〇％あれば問題ないだろうとして納品する。お互いが相手のバッファーを知っているため、品質水準の厳守よりも納期厳守やコスト抑制で取引先にアピールする。取引先も「阿吽の呼吸」で、「トクサイ」について見て見ぬふりをする。

しかし、契約条件よりも仲間内の論理を重視する日本企業の過度な相互依存・もたれ合いは、国際的にはもはや通用しない。不正の連鎖を元から断ち切らなければ、日本の製造業のブランドは地に落ちてしまう。

サプライチェーンを意識した対応の乏しさ

「B to B」の製品であっても、サプライチェーンを通じて、最終的には日本はもとより世界中の消費者の手元に届く。「B to B」の論理で「最終顧客（消費者）の安全性には問題ない」と言っても果たしてその判断が正しいのか、メーカー相互間のバッファーの範囲内かどうかについて客観的な根拠は示されていない。このため消費者の製品に対する不信感が解消されることはない。

日本取引所自主規制法人[2]が二〇一八年三月に公表した「上場会社における不祥事予防のプリンシプル[3]」では、「[原則6]サプライチェーンを展望した責任感」で、

> 今日の産業界では、製品・サービスの提供過程において、委託・受託、元請・下請、アウトソーシングなどが一般化している。このような現実を踏まえ、最終顧客までのサプライチェーン全体において自社が担っている役割を十分に認識しておくことは、極めて有意

義である。
自社の業務委託先等において問題が発生した場合、社会的信用の毀損や責任追及が自社にも及ぶ事例はしばしば起きている。サプライチェーンにおける当事者としての自社の役割を意識し、それに見合った責務を誠実に果たすことで、不祥事の深刻化や責任関係の錯綜による企業価値の毀損を軽減することが期待できる。

としている。これは「B to B」の仲間内の論理にとらわれがちな日本企業に対する警告ともいえそうだ。

デジタル時代への対応の遅れ

日本の製造業の強みは「摺り合わせ技術」にあるとされてきた。これは製造現場での「長年の経験と勘」による文書化・マニュアル化できない職人芸の技術だ。高度成長期から一九八〇年代頃まで、日本のメーカーはこの摺り合わせ技術により高品質の製品を次々に生み出し、世界市場を席巻していった。

しかしその後、米国を中心に多数のベンチャー企業が生まれてデジタル・テクノロジーを革命的に発展させ、製品のモジュール化（独立した部品やユニット［モジュール］の組み合わせによって製品を作り出すこと）が急速に進展した。モジュール化は「摺り合わせを要しない組み合わせ」であり、この波はエレクトロニクス分野で日本製品を駆逐していった。モジュール化の波は、今、摺り合わせ技術の牙城といわれる自動車産業にも押し寄せている。

また、グローバルでは、イノベーションという概念もビジネスモデル（サービス）のイノベーションと一体のものと考えられるようになり、「ものつくり」だけを孤立させてイノベーションを考える日本の製造業は大きく遅れをとることになった。この状況を一言でいえば、「いい物を作れば売れる」というメーカー主導の時代から「売れるものがいい物だ」という消費者主導の時代への変化ということができる。

このような時代の「品質」に対する信頼は、もはや「職人芸」に対する盲目的な信頼といったものではない。デジタルに（＝数字で）「見える化」されたものに対する信頼、つまり誰が見ても分かる客観性を持ったデータに対する信頼なのだ。

素材産業はモジュール化がもっとも進みにくい分野だと言われている。このことは最近発覚した多くの品質不正が素材産業の分野で起こっていることとも無縁ではないかもしれない。なぜなら、この業界では摺り合わせ的思考が強く、デジタルなデータで品質を保証するという発想が乏しいからだ。素材産業はB to B産業であり、相互に契約で厳格な品質保証をしなくても（していたとしてもそれはタテマエで）全体としての品質が保たれていればいいだろうという発想もあったのではないかと思われる。

確かに摺り合わせ技術の強みが失われていない領域も残っていて、そのノウハウにさらに磨きをかけていくことも必要だろう。しかし、だからといって「職人芸」というブラックボックスを言い訳にして品質保証を手抜きしてよいということにはならない。

素材産業での品質不正の多発は、最近になって日本企業の技術が劣化したというよりは、従来の発想から脱却できず、説明責任という考え方が浸透せず、デジタル化の波に乗り遅れた日本企業の実態が「見える化」された結果とみることもできるかもしれない。

安全基準の意味（制度的保障）の認識の欠如

横浜の「傾斜マンション問題」を例に考える

一連のデータ不正問題について共通して耳にする弁解がある。それは、「データの不正はあったかもしれないが、安全性には問題がない」というものだ。

この点について、横浜の「傾斜マンション問題」をきっかけに発覚した一連の建設用杭打ちのデータ偽装を例に考える。

横浜の「傾斜マンション問題」というのは、二〇一五年一〇月に発覚した事件で、三井不動産レジデンシャルが販売した大型マンションで、マンションの土台部分の複数の杭が強固な地盤（支持層）に届いておらず、建物が傾いたというものだ。五二本の杭のうち、六本の杭が地盤の支持層に到達しておらず、到達したものの打ち込まれた長さが不十分なものも二本あった。

工事を請け負った旭化成建材は、杭が地下の支持層に届いたことを示すデータが存在しないに

【図2-1】支持杭の長さ不足マンションのイメージ図

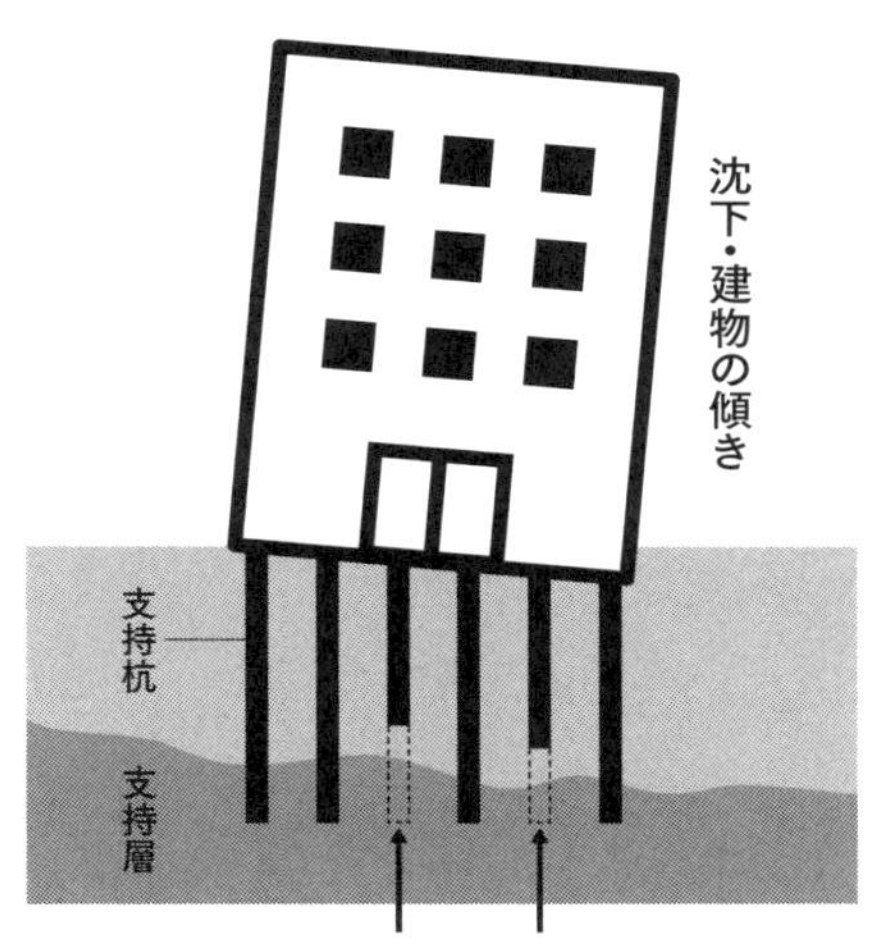

もかかわらず、他の杭のデータを流用していた。

この問題で発生した建て替え費用や住民に対する補償などについて、三井不動産レジデンシャルは、施工に関わった三井住友建設、日立ハイテクノロジーズ、旭化成建材の三社に対して総額四五九億円の損害賠償を求める訴えを東京地裁に起こしたと報道されている（日本経済新聞／二〇一七年一一月二八日）。

ジャパンパイル社長のインタビュー

傾斜マンション問題をきっかけにして、他社でも同様の杭打ちデータ偽装が明らかになった。そのうち、旭化成建材と同様にデータの流用が見つかった杭の製造・施工大手ジャパンパイルの黒瀬晃社長（当時）のインタビューが極めて興味深いので、引用する（日本経済新聞／二〇一五年一一月一五日。傍点は筆者）。

――建物の安全性は損なわれないのか。

「調査の結果、杭は支持層に到達し、建物の傾斜もない。記録・報告用のデータ欠損や流用が一部であっても、安全性がすぐ揺らぐものではない」

「電流データをみる装置は2つある。掘削機の外側にあるデータ印刷装置が仮に不調でも、運転席にもデータを見る装置がある。作業に必須なので必ず動いており、そこできちんとチェックをしている。支持層に届けば波形が跳ね上がり、ドリルの進む速度は遅くなり音や揺れも感じる」

――記録・報告用のデータが取得できないと流用するのか。

「そうだ。業界全体で行われているだろうが、工事はしっかりやっているはずだ。杭が想定より短ければ元請けに必ず報告し対処する。未到達を知りながら放置することはあり得ない。いずれ施工不良がわかるからだ」

――元請けなどからデータの体裁を整えることを指示されることは。

「あると聞くが、杭が支持層に未到達なのに対処せず工事を続けろということはないだろう。杭打ち業者も不備がわかれば急いで報告したほうが得で、気を使って報告しないこともあり

―得ない」

インタビューに応じた社長は、とても率直な人のようだが、トップの意識がこのようなものだということには驚きを禁じ得ない。

傾斜マンションでは、五二本中、六本の杭が支持層に届いていなかったし、さらに二本は届いてはいるが長さが足りていない。この八本のうち少なくとも六本については、届いていないことを知っていたはずだ。旭化成建材の作業員は、「支持層に届けば波形が跳ね上がり、ドリルの進む速度は遅くなり音や揺れも感じる」のであれば、届いていない以上、波形の跳ね上がりも音や揺れもないからだ。作業員はそれが分かった上で、支持層に届いた別の杭のデータを流用している。

このような事実があるにもかかわらず、社長は「工事はしっかりやっているはずだ」「未到達を知りながら放置することはあり得ない」と述べている。これは客観的事実ではなく、「そう信じたい」という主観的な希望に過ぎない。「業界全体で行われているだろう」と言っているのだから、旭化成建材の作業員とジャパンパイルの作業員に違いがあるとは思えない。また、「未到達を知りながら放置することはあり得ない」理由として「いずれ施工不良がわかるからだ」と言っているが、地震が起きて施工不良が分かるのでは手遅れだ。

この社長は安全が「制度的保障」で確保されるという基本が理解できていないようだ。

では、「安全の制度的保障」とはどういうことか。

安全の「制度的保障」とはどういうことか

杭打ちについて見ると、現場の作業員はデータが記録されようがされまいが、ほとんどの場合、支持層に杭が届いたことを確認しているだろう。

しかし、もし杭が支持層に届かず、やり直しをしなければならない状況になったとき、作業員はどうするだろうか。

工期が切迫しているような場合、「一本くらい仕方ないか」「地下のことだからどうせ分からないだろう」と考え、「届いたことにする」ためにデータの流用をするといったことがまったくないとは言い切れない。

このような場合のデータの流用は、たとえ一〇〇本に一本だったとしても、建物の安全性に重大な影響を与えかねない（それどころか横浜の案件では、五二本中八本だった！）。

だから、建物の安全性を確保するためには、「一〇〇本に一本くらいなら、まあいいか」ではなく、すべての杭が「例外なく」支持層に届いたことが客観的なデータで証明されなければならない。「一本一本の杭で記録を保存しなければならない」とする「制度」を作った理由はここにある。安全は「制度」によって保障される。

制度に抜け穴ができると、制度全体の信用性を失わせる。データの流用や偽装は安全を確保するための制度に対する信頼性を根本から突き崩す。

信頼回復の方向性

コンプライアンスを時代の変化という文脈で捉える

神戸製鋼所の不正な「トクサイ」が一九七〇年代から行われていたことに典型的にあらわれているように、品質不正事件の多くは長年にわたるデータのごまかしが最近になって発覚したものだ。最近になってから急に不正が始まったわけではない。

多くの日本の製造業で品質不正が一気に噴出した背景要因としては、摺り合わせ的ものつくりの領域の多くがモジュール型の製造に取って代わられるというグローバルな大きな流れをあげることができる。このような流れにもかかわらず、日本企業は属人的な摺り合わせ型の発想から脱却できず、客観的データによる「見える化」をベースにした品質保証に移行できなかった。

現場重視という日本の製造業の特徴は、強みでもあった反面、旧態依然の現場のマインドを温存することにもなった。そうだとすると、製造現場の発想を転換しなければこの問題の本質的な解決にはつながらない。経営者は、品質保証におけるグローバルな大きな流れが「見える化」「最終ユーザーに対する説明責任」にあることを現場の一人一人の意識に浸透させなければならない。このような意識変革なしに、厳しいルールを押しつけ、研修で「コンプライアンス意識を高めなさい」と繰り返しても、現場で働く人たちの心には響かない。

過剰スペックの問題

日本の製造業における「過剰スペック」の問題も品質不正の大きな要因となっていると思われる。過剰スペックの問題は、通常の安全基準・品質基準を大幅に上回るスペックを求めることが高品質の証しという日本メーカーのガラパゴス的発想と結びついている。

過剰スペックは、コストや納期との関係でそのスペックを常に守ることを困難にし、顧客仕様を満たさない製品であっても、「少しくらいなら問題ない」「ここで出荷を止めたら迷惑をかける」といった正当化をもたらし、「トクサイ」＝「勝手特採」が横行する原因になった。それにもかかわらずスペックを完全に満足させることが困難な状況に置かれた現場の人たちに「契約のスペックを満たさなければならない」と言うことは、「出荷を止めて大きな損害を発生させろ」と命じることに他ならない。

このような困難な判断を現場に押しつけておきながら、あとになってトクサイを行った現場の担当者を処分するというのはおかしい。そもそも、このような状況に現場を追い込んだことの責任は経営陣にある。過剰スペック問題の解決は、経営陣に課された責務というべきだろう。

過剰スペックの問題は、トクサイを横行させるだけでなく、安全面でのデータを軽視するマインドを醸成する。このデータ軽視のマインドは、杭が支持層に届いたことを例外なくデータで証明しなければならないといった安全の「制度的保障」の考え方を骨抜きにすることにつながる。杭打ちデータの偽装についてのジャパンパイルの社長の発言はこのような危険性を示すものといえる。

過剰スペック問題を残したままコンプライアンスを実現することは困難だ。過剰スペックの見直しは、各企業の問題に止まらず、業界全体に課された責務でもあると考えられる。

品質保証部門・検査部門の強化

品質不正の多くは品質保証部門・検査部門による検査過程で起こっている。

この原因を一言でいえば、日本の製造業における品質保証部門・検査部門の軽視にある。品質不正を起こした多くのメーカーでは、「現場に対する信頼」という聞き心地の良い言葉で、現場に対する独立した目によるチェック体制の強化を怠ってきた。このため、品質保証部門・検査部門には（形式上の権限はともかく）実際には強い権限が与えられず、営業的な都合に譲歩を強いられることが常態化していった。

また、品質保証部門・検査部門では人事が固定化しており、長年続く不正に対する新しい感覚による異議申し立てが行われない状況が継続していた。

その上、多くのメーカーでは新規投資を海外に振り向ける一方で国内工場は改修に改修を重ねて運用するだけであり、それに人手不足やリストラが加わった。製造現場は疲弊し、その一

【図2-2】海外設備投資の推移（製造業）

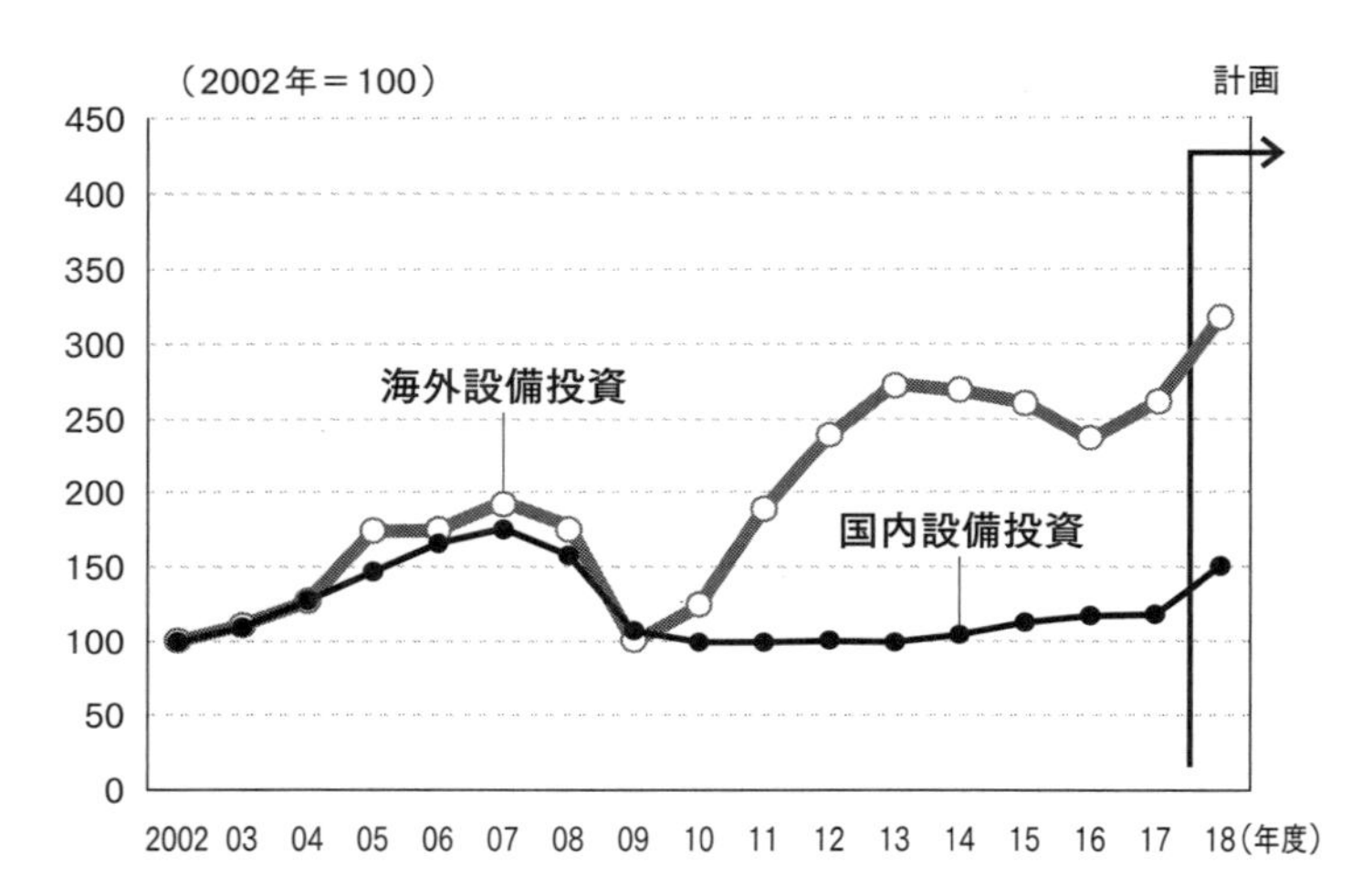

出典：日本政策投資銀行「2018年度設備投資計画調査の概要」

番のしわ寄せが品質保証部門・検査部門に及んでいた。

たとえば、日産では経営危機に陥った一九九九年以降、カルロス・ゴーン会長の下で大規模なリストラを断行し、国内技術員が人手不足に陥ったとされている。免震装置の偽装を行ったKYBの検査員は延べ八名、一時は一名で作業に当たっていたと報道されている（ウェブ版日本経済新聞／二〇一八年一一月一一日）。

このような状況は、経営者によるチェック部門の軽視に他ならない。この背景には「儲けに直接つながらない部門には経営資源（ヒト・モノ・カネ）を投入しない」という短絡的思考がある。品質不正は現場で起こっているが、それは結果に過ぎず、その原因を作っているのは経営者の姿勢にある。したがって、経営者が品質保証に対する考え方を根本から変えない限り、この問題は解決しない。

品質不正問題への対応は経営者自身の問題

品質不正事件に関する第三者委員会の調査報告書などを読むと、従業員の「コンプライアンス意識の鈍麻(どんま)」が原因だとして、「研修によるコンプライアンス意識の向上」などを再発防止策としてあげるものが多い。「内部通報制度の充実」も定番の再発防止策だ。

しかし、みんなで赤信号を渡っている人たちに「内部通報をしなさい」と言ったところで、どれだけ効果があるか分からない。そもそも、業界全体に染みついている摺り合わせ万能の発想を変えないまま、あるいは過剰品質の問題を解決しないまま、従業員に「コンプライアンス意識を高めなさい」と命じるのは品質不正の根本原因に目を閉ざして責任を現場に押しつける経営者の責任回避と言わざるを得ない。

「現場がコンプライアンスに沿った行動を行うことができる環境」を作らないままコンプライアンス施策で屋上屋を架すことは現場を疲弊させるだけでむしろ逆効果であり、経営者の怠慢・アリバイ作りに過ぎない(第3章のコラム「コンプラ疲れ」参照)。

品質不正への対応は、まさに経営陣自身の姿勢、さらに言えば業界全体の姿勢が問われる問題だ。経営者と業界がこの問題を「自分事」として捉えて業界体質の変革まで踏み込めるかどうかが品質不正を根本的に解決できるかどうかの分かれ目になる。これは取りも直さず、日本の製造業の国際的な信用回復の成否の分かれ目でもある。

科学的視点を取り入れたコンプライアンスへ

コンプライアンスを考える場合、ルールを作って従業員に「ルールを守れ」と言うだけでは効果が薄い。ここまで述べてきたように経営陣は、何よりも「現場をルール違反の行為に追い込む状況」をなくすことに努めなければならない。

それと同時に「ルール違反ができない状況」を作ることが大事になってくる。このためには、科学的視点を取り入れたコンプライアンスに舵を切ることが求められる。それには最近のＡＩ（人工知能）やＩｏＴ（Internet of Things：さまざまなモノ［物］がインターネットに接続され情報交換することで相互に制御する仕組み）を用いて不正行為を防止するというアプローチが必要になる。

ＡＩやＩｏＴの技術を用いた不正行為防止の仕組みについて見ると、たとえば、製品の検査データを直接データセンターに伝達して改変できない状態にしておけば品質偽装はできなくなる。現に多くの企業はこの方向に進んでいる。さらに偽造防止という受け身の目的に止まらず、品質保証の精度向上という目的で製造工程での検査（インライン検査）の段階からこの方式を採用している例も多い。

【図2-3】正しいデータ分布図とデータ改ざんされた分布図

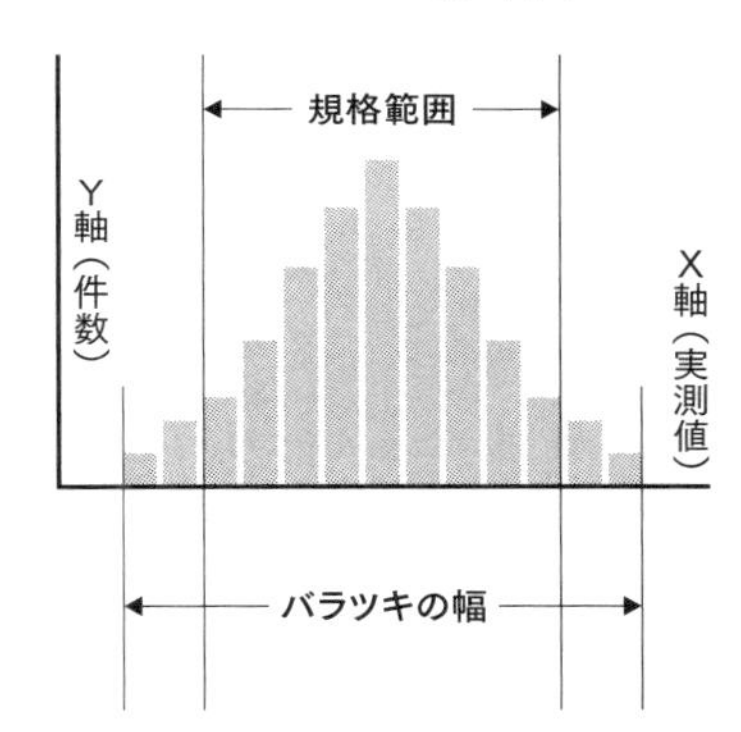

本来であればこのように規格範囲を超える不良品が一定数生じており、バラツキの幅が規格範囲を超えることになる。

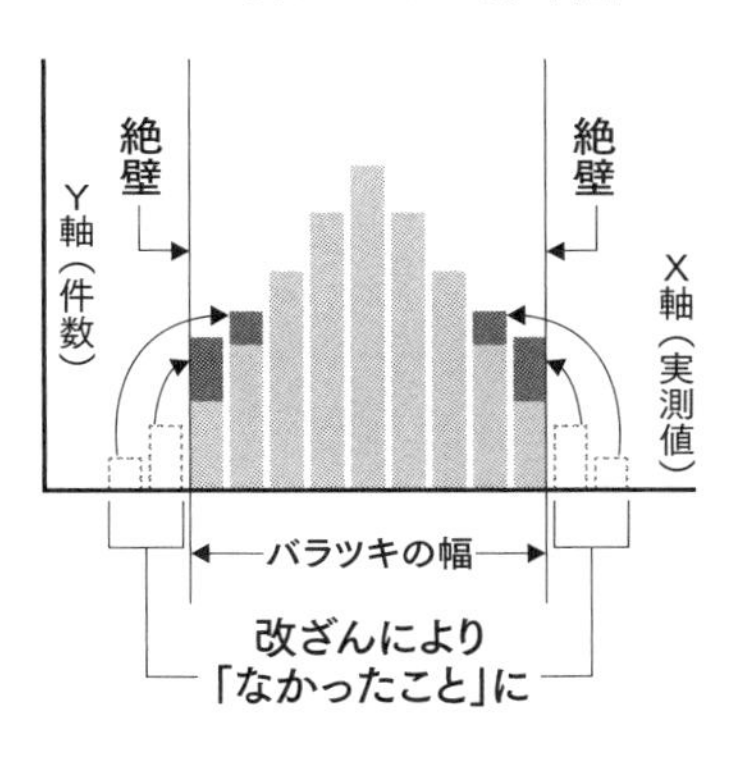

データが改ざんされている場合、規格範囲を超える不良品が「なかったこと」にされるため、このように分布図は「絶壁型」となる。

ある大手メーカーでは、中期経営計画で「是正から予防に向けた本格的な品質改革の実行」を掲げ、「摺り合わせ文化を脱却し、科学的に裏付けされた品質保証を実現する」ことを具体的な目標としてその実現を図っている。

検査データの分布を常時解析しておくことも有益だ（図2－3参照）。これにより正規分布とならない異常データをキャッチすることで、改ざんされたデータ群を発見することも可能になる。

これからの企業には、人が介在する部分を極力減らし、コンピュータなどの客観的な仕組みを用いて科学的に不正を防止する方向に発想を転換することが求められている。

COLUMN

熟練工による「匠の技」の完全自動化

筆者が社外監査役を務めるオムロンでは、主力の制御機器事業でAI、IoT、ロボティクスといった最新の技術を用いる「自動化」というコンセプトで、生産現場のものつくりの革新を図っている。

たとえば、電子機器の高機能化や品質要求の高まりにより、小型電子部品やレンズなどの生産工程では、微細なキズも見逃さない精密な検査が不可欠だ。

これまでの検査では、熟練工が製品にあてる照明の角度を変える、拡大鏡を用いるなど、人間の五感を駆使して製品の品質を判定していた。しかし、目視検査は働く人にとって極めて過酷な作業になっている。そこで、オムロンでは熟練工の感性や判断をすべて数値化し、人の目を凌駕するカメラ技術と照明技術などを組み合わせることで、過酷な目視検査の完全自動化を実現している。

このような自動化は、不正防止といった「守り」の機能を超えて、より精密でばらつきのない検査を可能にするという「攻め」の機能をもつ。さらに、多くの作業者が過酷な労働から解放されて、より付加価値の高い仕事で活躍できることにもつながっている。

2 不正について考える

「盗む不正」と「ごまかしの不正」

不正を行う人間の行動特性や心理状態を科学的に分析することで不正行為を防止するというアプローチも必要だ。そこで、行動経済学や心理学の知見を用いて不正を考えてみることにしよう。

不正には「盗む不正」と「ごまかしの不正」がある。

「盗む不正」は、会社の金を横領するような事例を考えれば分かりやすい。刑法犯になるようなものだ。

「ごまかしの不正」は、メーカーの品質偽装やデパートやレストランの食材偽装などがこれに当たる。

会社の中で不正が行われた場合、「盗む不正」には厳しい制裁が科されることが多い一方で、「ごまかしの不正」に対する処分は甘くなる傾向がある。たとえば、会社の金庫から一〇万円を盗めば間違いなく懲戒解雇になるだろう。他方、データ不正は、赤信号をみんなで渡っている上に、「会社の金を私的にポケットに入れたわけではない」として厳しい処分の対象にならないことが多い。

しかし、上場企業など一定規模の企業であれば、たとえ一億円が横領されたとしてもそれだけでつぶれることはないだろうが、品質偽装が行われると重大なダメージを受けることになる。にもかかわらず、なぜ、品質偽装などの「ごまかしの不正」に対する処分は甘いのだろうか。それは、「盗む不正」は行為者が所属する企業に対する裏切り行為であるのに対して、「ごまかしの不正」はそうではないからだと思われる。この意味で、「ごまかしの不正」に対する甘い処分は「身内意識」のなせる技といえそうだ。

しかし、現実には「ごまかしの不正」は「盗む不正」よりもはるかに大きなダメージを企業に与える。なぜなら「ごまかしの不正」は、企業が一体となって顧客や消費者などを騙す行為であり、ステークホルダーの企業に対する信用を毀損する行為と見なされるからだ。

企業は、このような「身内意識 ＝ 企業が〝社会の公器〟でありステークホルダーに支えられる存在であることの認識欠如」が企業に対する信用を失わせているという事実を認識する必要があり、身内に甘い姿勢を見直さなければならない。

不正は特別の犯罪者が行うものか

ところで、企業に重大なダメージを与える品質偽装のような「ごまかしの不正」は、特別な犯罪的傾向の持ち主が行うものだろうか。決してそうではない。このことは多くの事例を見ればば明らかだ。どのケースでもたまたまその部署に配属されたごく普通の会社員が品質偽装に手を染めている。

だとすると、「ごまかしの不正」を防ぐためには、普通の人が不正を行ってしまう心理状態を知ることがまず必要だ。このような観点から最近では、コンプライアンスの局面でも、行動経済学からのアプローチが注目されるようになってきた。

従来の経済学では、モデルとする「人間」は自己の経済利益を最大化することを行動基準として行動する「合理的な存在」とされてきた。これに対して、行動経済学は、各種の実験を行って、必ずしも経済合理性にしたがって行動するわけではない人間の心理的側面に着目して不正に手を染める人の行動を分析する。

「ずる」について考える

行動経済学の第一人者、ダン・アリエリー氏の『ずる――嘘とごまかしの行動経済学』（櫻井祐子訳／ハヤカワ・ノンフィクション文庫）から具体例を見ていくことにする（趣旨を変えない範囲で単純化している)。

(実験1)
●同じ知的水準の学生をAグループとBグループに分ける。
●両グループに制限時間五分で同じ二〇問の算数の問題を解いてもらい、正解一問につき五〇セントの報酬を支払うことにする。
●Aグループについては、試験終了後に試験官が採点を行う。
●Bグループについては、試験終了後に正解を書いた紙を渡して自己採点させる。その後、問題用紙・解答用紙などすべてをシュレッダーにかけさせた上で、自己採点の結果を試験官に報告させる。

この結果はどうだったか。Aグループの平均点は四点だったが、Bグループの平均点は六点だった。同じ実験をいくつもの大学の学生を対象にして行ったが、結果は常にBグループのほうが二点ほど高かった。このことから、「ずる」ができる(ばれない)状況に置かれたBグループの学生たちは平均して二点の水増しを行ったことが分かる。ただ水増しは大幅にではなく、二点分という「ちょっとだけ」だった。

（実験２）

- 実験１と同様に学生をＡグループとＢグループに分けて、実験１とまったく同じ条件の実験を行った。
- 実験１との違いは、報酬の額を二五セント、一ドル、五ドル、一〇ドルというようにいろいろに変えてみたという点だ。

この結果はどうだったか。Ａグループの平均点は四点だったが、Ｂグループの平均点は報酬の大小にかかわらず六点だった。つまり、「ずる」ができる（ばれない）状況に置かれたＢグループの学生たちは平均して二点の水増しを行ったが、報酬の額が少なくても多くても、水増しの程度は変わらなかった。それどころか、一〇ドルという最高額を約束されたとき、ごまかしの量はやや少なめだった。

このような実験を繰り返しながら、ダン・アリエリー氏は次のような仮説を提示する。

わたしたちの行動は、二つの相反する動機付けによって駆り立てられている。わたしたちは一方では、自分を正直で立派な人物だと思いたい。だがその一方では、ごまかしから利益を得て、できるだけ得をしたい。二つの動機が相容れないのは明らかだ。では、ごまかしから確実に利益を得ながら、自分を正直で素晴らしい人物だと思い続けるには、いったいどうすればいいのだろうか?

ここで、わたしたちの驚くべき「認知的柔軟性」の出番となる。この人間的能力のおかげで、わたしたちはほんのちょっとだけごまかしをする分には、ごまかしから利益を得ながら、自分をすばらしい人物だと思い続けることができるのだ。(同書三九ページ)

(実験3)
- 実験1と同様に学生をAグループとBグループに分けて、実験1とまったく同じ条件の実験を行った。
- その上で、Bグループをさらに二つに分け、半分の学生には自己採点の結果を報告させる直前に「私はこの実験が大学の倫理規定のもとに行われることを承知しています」と書かれた書面に署名してもらった。

この結果はどうだったか。Bグループのうち、署名をしなかった学生たちは平均して二点のずるをした。しかし、半分の署名をした学生たちはまったくずるをしなかった。

（実験4）

- 実験1と同様に学生をAグループとBグループに分けて、実験1とまったく同じ条件の実験を行った。
- Bグループの半分の学生は、二週間前に大学の倫理規定の講義を受けていた。

この結果はどうだったか。Bグループのうち、二週間前に倫理規定の講義を受けていた学生たちも、講義を受けていなかった学生たちと同じく、平均して二点のずるをした。つまり、二週間経つと講義の効果は失われていた。

実験1と実験2は、人間はごまかしから利益を得ながら、自分をひどい人物ではないと思い続けるバランスをとるために、「ほんのちょっとだけ」ごまかしをすること、このような「ほんのちょっとのずる」は誰もが行う可能性があることを示している。アメリカのコメディアンのグルーチョ・マルクスは、「相手が正直者かどうか判断する方法はひとつ――直接そいつに聞いてみればいい。もし『そうだ』と答えたら、そいつはペテン師（crook）だ[4]」と言っている。

そして、実験3と実験4からは、ごまかしの不正を防ぐには本人の倫理感を目覚めさせることが有効だが、その効果は長続きしないという少し残念な事実が分かる。倫理感を目覚めさせる対応は、繰り返し行わなければ効果が薄いということになる。

実験結果は、企業がコンプライアンスの施策を考える際には、人間はずるをする存在であることを前提とする対応が必要で、そもそもずるができないような仕組みを作ることが大事だということを示している。また、本人の倫理感を覚醒させることも一定の効果があるが、それは繰り返し行うことが必要だということも分かる。

行動経済学は、ルールを作り研修をするという従来型のコンプライアンス施策を積み重ねるだけでは不正防止の効果は薄く、人間の心理状態を知った上での科学的な対応が必要であることを示している。

不正は伝染する

「仕方ない」では済ませられない

行動経済学は、特別の悪人でなくても機会があれば人間はずるをするという事実を明らかにした。しかし、だからといって「仕方ない」で済ませるわけにはいかない。「ほんの少しだけのずる」の集積は企業にとって重大なダメージを与えるからだ。このことはこれまで見てきた多くの品質不正事件からも明らかだ。

ささいな違反行為は、たいしたことがない無害なものと考えられがちだ。しかし、それ自体はとるに足らないように見えても、これが組織の中で積み重なるうちに、もっと大きな不正をしても大丈夫だという意識が共有されるようになる。そして、最後には組織に破滅的な結果を招く。ごまかしがもたらすほんとうの恐ろしさはここにある。

COLUMN

割れ窓理論

割れ窓理論とは、米国の犯罪学者ジョージ・ケリングが提唱した地域の治安悪化がたどる経過についての理論で、次のようなものだ。

- 建物の窓が割れているのを放置すると、それは「誰もこの地域に関心を払っていない」というサインとなり、住民のモラルが低下して地域の安全が確保されなくなり、それがさらに環境を悪化させ、最後には凶悪犯罪が多発するようになる。
- したがって、地域の治安を守るためには、割れた窓はすぐに修復し、一見ささいな秩序違反行為でもきちんと取り締まらなければならない。

「割れ窓」の理論は、企業にも当てはまる。一見ささいな違反であっても、それが「割れ窓」になっていく危険性が常にある。企業はこのことを自覚した上で、毅然とした対応を取らなければならない。

ノー・トレランスの原則

では、どうすればよいのか。

データ偽装による品質不正を防止するためには、経営陣の責任として現場を偽装に走らせる環境をなくすことがまず必要だ。現場を偽装に追い込む過剰品質問題の解決も急がなければならない。

さらに、今の時代の「品質」に対する信頼はデジタルに（＝数字で）「見える化」することによる信頼、つまり誰が見ても分かる客観性を持ったデータに対する信頼だということを常識化するための現場の意識変革が不可欠だ。

その上で、ＡＩやＩｏＴ技術を用いた「不正をしたくてもできない仕組み」を構築して、できるだけ人の介在を防ぐ方向を目指すことも必要になってくる。

しかし、これらの施策をすべて実施しても人が介在する部分を完全になくしてしまうことはできない。そして、人はどうしても「ずる」をする傾向がある。そこで登場するのが「ノー・トレランスの原則」だ。

「ノー・トレランス（no tolerance）」（zero tolerance とも言われる）は「違反を一切許容しない」という原則だ。つまり、データについては、流用、書き換え、ねつ造など一切の偽装を許さず、厳罰をもって臨むという姿勢を意味する。

「製品の安全性に影響がなさそうだ」「業界の慣習だ」「先輩から教わった」「納期が迫ってい

た」「顧客の要請があった」「ここでやめたら迷惑をかける」といった正当化こそがデータ偽装をはびこらせてきた。だからこそ、これらの事情を情状酌量の要素にすることを明確に否定し、「一発レッドカード」を出すというのがノー・トレランスの原則だ。

品質偽装問題の負の連鎖を断ち切り、日本の製造業に対する信頼を回復するためには、経営者にはノー・トレランスの原則の宣言に踏み切ることが求められる。

ただし、この宣言を出す際には、次の対応もあわせて行うことが条件となるだろう。

- 「経営者としてなすべきこと」を実行していること。つまり、品質偽装問題を「自分事」として捉え、現場を偽装に走らせる環境の改善に取り組むこと。
- 品質保証・検査部門に十分な経営資源を投入すること。
- ノー・トレランスの原則は、「今後の行為」に対して適用すること。そのためには、過去の品質不正行為の在庫一掃を図るため、自主申告制度（自主的に過去の不正を申告した者については、処分の減免を行うこと）などを活用すること。
- 意図的ではないミスにはノー・トレランスの原則は適用しないこと。ただし、ミスについては正直に申告すること（ミスの隠ぺいは許容しない）。

COLUMN

内部通報の義務化について

神戸ビーフフィレ偽装事件

二〇一七年一〇月、ＪＡ全農（兵庫県本部）の直営店である神戸プレジール本店のＸ料理長は、神戸ビーフフィレのビーフステーキを注文した顧客に対して、但馬牛フィレを神戸ビーフフィレと偽って提供していたことが判明した。

ＪＡ全農は「特別調査委員会」を設置して調査を実施し、二〇一七年一二月二七日に「調査報告書[5]」を公表した。筆者は特別調査委員会の委員長として調査を行った。

調査の結果、次のような偽装の事実が明らかになった。

- 偽装行為は、Ｘ料理長により二〇一一年一〇月に開始され、発覚した二〇一七年一〇月一五日まで行われた。
- この間に神戸ビーフフィレと偽って顧客に提供された但馬牛フィレの量は、約九五〇kg（推計）に上る。これは、神戸ビーフフィレのステーキを一食分一〇〇gとして計算すると、約九五〇〇食分に相当する。

なぜ、内部通報されなかったのか

この偽装事件で注目されるのは、X料理長の偽装行為に気付いていたスタッフが複数いたにもかかわらず内部通報がまったく行われなかったという点だ。X料理長は神戸プレジール本店の事実上のトップであるから、内部での是正は実際上期待できない状況だった。このような場面でもっとも効果が期待できるのが内部通報制度だ。しかし、内部通報を行った者はいなかった。それはどうしてか？

調査報告書によると、特別調査委員会のヒアリングに対して、X料理長の偽装行為に気付いていたが通報しなかったスタッフらは次のように述べている。

「(全農の通報窓口は知っているか?) 知っている。店のドアにポスターが貼ってある」

「(X料理長の偽装を知りながら、内部通報制度を使わなかったのはなぜか?) パワハラ、セクハラとかで使う窓口というイメージだった。ポスターにパワハラ、セクハラといった記載があったから、そういったイメージを持っていた。だから、今回の件を通報窓口に通報するかというと、選択肢に入っていなかった」

「(全農の通報窓口は知っているか?) 知っている」

「(仮定の話だが、たとえばX料理長からひどいパワハラを受けているといったことがあれば、内部通報制度を使おうという気になるか?) 内部通報制度を使う確率は高くなると思う。店全体ではなく、自分のことだから。自分の出来事であれば内部通報制度が選択肢になってくる」

「(全農の通報窓口は知っているか?) 知っている。ハラスメント研修もやっているし、ポスターも店に貼ってあるから、他のスタッフも知っている」

「(X料理長の偽装を知りながら、内部通報制度を使うことを考えなかったのはなぜか?) 自分としては、本件を内部通報すると事が大きくなって、自分らの身にも何か悪影響があるのではないかという思いがあった」

検討

スタッフには内部通報制度の存在は周知されていた。しかし、現実には「組織としてもっとも通報してほしい情報」が通報されなかった。

その理由は、X料理長による偽装行為が「他人事であって自分事ではない」という意識、あるいは「自分事にしたくない(通報により、店＝自分に悪影響が及ぶのを避けたい)」という意識にある。このような意識は、自分が被害者となるハラスメント事案では内部通報制度が多く利用されているという事実の裏返しとも見ることができる。

もちろん、自己の利害関係がなくても純粋な正義感から通報が行われるのが理想だ。しかし、通報者の心理からすると、現実に通報行為に踏み切らせるものは、正義感というよりは「自分として許せない」「自分にとって得か、損か」という意識のほうだ。

そうだとすると、本件のような偽装事件（組織に重大なダメージを与える行為）に対する内部通報を促すには、「コンプライアンス意識の向上」や「内部通報制度の周知」といった一般的な施策では不十分で、通報を行うことが自分の利益につながる（通報しないことが自分の不利益になる）という方向の施策を検討せざるを得ないこととなる。

そこで「通報の義務化」を考えることになる。

我が国では、通報の義務化に対する心理的抵抗が大きく、これを実施している企業は少ない。

しかし、特別調査委員会が職員に対して行ったアンケートでは、「仮に、不正や不正のおそれを知った場合にコンプライアンス相談窓口に通報する義務（不正を知って相談、通報しない場合に懲戒処分される制度）があれば、相談や通報をしますか」という質問について、大半の職員は「義務であればすると思います」「ルールがあれば従います」と回答している。このことから通報の義務化は現実的な選択肢と考えられる。

ところで、不正の事実を知る機会を持つのは、その不正に何らかの関与をした（させられた）人であることも多く、通報すると自分が処罰されるかもしれないと心配している。このような人を内部通報に向かわせるためには、積極的に社内リーニエンシー（自首による処分の減免）を取り入れることも検討に値する。

また、自分が被害者となるハラスメント事案などと異なり、他人の不正行為の通報では「確信（明確な証拠）がなければ通報できない」という心理も働きやすい。「確信がない」ことが、通報しないことの正当化（言い訳）に使われる場合もある。そこで「確信がなくても、まずは相談してみる」という行動を促すため、通報義務と並行して、よりハードルの低い「相談窓口・アドバイス窓口」を強くアピールすることも必要になる。

3 「空気」について考える

商工中金の危機対応融資における改ざん事件

二〇一六年一〇月、商工組合中央金庫（商工中金）の鹿児島支店で、「危機対応融資」で稟議に使用する試算表の改ざんなどの不正事案が多数存在することが発覚した。この事件を契機に、一二月に第三者委員会が設置された。筆者はこの第三者委員会の委員長となり、調査報告書[6]を二〇一七年四月二五日に公表した。

政府系金融機関である商工中金は、全国で中小企業向け融資を行っている。「危機対応融資」というのは、我が国の中小企業が、リーマンショックや大震災のような外部的要因により一時的な危機的状況に陥った場合、そこに必要な資金を供給してこれを助けるための公的な制度融資をいう。

商工中金では、危機対応融資の実績をあげるため、多くの支店で過大なノルマが課されていた。このため、営業担当者が、融資適格のない顧客にも融資を実行して自らの成績をあげようとして、顧客から受領した試算表や雇用維持証明書などのエビデンスの数字を改ざんするといった不正行為を行っていた。

第三者委員会による調査の結果、八一六件の不正行為と九九名の不正行為者が発見され、不正が全国の支店に蔓延していることが明らかになった[7]。

商工中金の池袋事案（組織的隠ぺい）

事実関係

第三者委員会は、調査を進める過程で、商工中金池袋支店での不正案件について、次のような組織的隠ぺいが行われていたことを突き止めた。

- 二〇一四年一二月、池袋支店は自店監査（支店自らが行う監査）で、約一〇〇件の不正疑義案件を把握し、本社に情報提供した。

● これを受けて本社監査部は池袋支店に対して特別調査を実施した。監査部は複数の営業担当者による一一〇件の試算表の自作・改ざんを把握したが、コンプライアンス統括室、組織金融部(危機管理融資を統括する部門)などと協議を重ねて、最終的に二〇一五年三月、「不正行為は認められない」として処理した。

隠ぺいは誰が命じたのか?

池袋事案の処理は、一一〇件もの試算表の偽造を「なかったこと」にする行為であり、極めて悪質だ。そして、第三者委員会の第一印象は、明確な指揮・命令に基づいた組織的な隠ぺい行為が存在しているはず、というものだった。

しかし、調査の結果、池袋事案対応で実際に行われたことは、そのような第一印象とは異なるものだった。

この点について、第三者委員会の調査報告書は「明確な意思の不存在、(少しずつの)自己欺瞞、ネグレクト、もたれ合い」という一項目をたてて、次のように述べている(一部要約している)。

> 当委員会は、池袋事案に関わった商工中金の幹部、実務担当者の多くからヒアリングを重ねた。しかし、「明確な意思をもって隠ぺいを図った」と答える者は存在しなかった。これ

は自己弁護のために当委員会に虚偽の回答をしているというよりは、ある意味で率直な気持ちを答えているものと思われる。

しかし、明確な隠ぺい意思を持たなかったとしても、その意識の中には、「見たくないものから目を反らす」ための自己欺瞞が潜んでいた。

例えば、コンプライアンス統括室は、顧問弁護士の「偽造罪の故意が立証できなければ犯罪は成立しない」という一般論を利用して、「営業担当者が〝ノー〟と言いさえすれば故意が立証されず犯罪にならないのだから偽造ではない」というように、法律論の衣をまとったすり替え・ごまかしを行った。

監査部も「予断を持たない中立的な調査」という一見もっともな理屈で、偽造を認めた池袋支店での自店監査のヒアリング記録を無視（ネグレクト）し、コンプライアンス統括室が法的に整理した質問フローにしたがったヒアリングを行って、偽造は一件も認められないという結論を導いている。

ここには明確な形での他者を欺く行為が存在しているわけではないが、各部門の（少しずつの）自己欺瞞が存在している。

また、皆が、多少なりとも「おかしい」と感じながらも、「他部門の結論には口を出さない」という、一見すると他部門を尊重する形での「もたれ合い」も存在していた。

次に第三者委員会による商工中金の幹部に対するヒアリングをいくつか引用する。

上から、「不祥事にするな」とは言われていない。ただ「不祥事にしたくないよね」という雰囲気は組織全体にあった。「不祥事にならないといいよね」「できればしたくないよね」「そのためには努力もする（試算表を客先から新たにもらう）」という空気感はあった。

はっきり誰かと話したのではないが、資料のやり取りも、要件確認にあたるのも同じ空気。上から（もみ消せと）言われて、もみ消さねば、となったのではなく、空気で「これはまずいよね」とみんなが感じた。なんとなくそうなっていた。

弁護士見解にしたがったペーパーは、私文書偽造にあたるかどうかという整理だったと思うが、違和感があった。コンプライアンス部門ではない私が言ってはいけないのかもしれないが、本当にこれが論点なのか？事の本質として論点はそっちなのか？と思った。本当なのかな？との思いもあったが、リーガルの観点からはそうなのだろうと思った。

最初の池袋支店ヒアリングでは〝危機要件が合わないので改ざんした〟だったのに、監査部の調査では、いつの間にか改ざんという言葉が消えた。どっちが本当なのかな、大丈夫かな?と思った。入り口と全然違うと思った記憶。ただ、なんとなく不祥事にしたくない、と当時も思っていたし、大丈夫かな?と思いつつ、監査部が調べているのだから大丈夫だろう、と思った。

「同質性」と「空気」の問題をどうやって克服するか

商工中金の池袋事案（集団的な不正隠ぺい行為）の際に経営幹部の誤った対応をもたらしたものは何だったのか。

これについて、調査報告書は次のように述べている。

池袋事案における誤った対応をもたらした大きな要因として、当委員会としては、商工中金幹部の「同質性」の問題があると考える。

商工中金幹部たちは、「言葉に出すまでもなく、阿吽（あうん）の呼吸で」「それぞれの持ち場から出ることなく」「互いの対応に持たれ合いながら」「違和感を持ちつつも、それを表明せず」「期待バイアスに基づく根拠のない安心感」と「場の空気」に身を委ねて、間違った方向に、集団的に突き進んで行った。

ここには「危機を乗り越えるという目的を共有しながら、種々の選択肢をあげて異論・反論の議論を闘わせる」という姿勢や「ステークホルダーに対して誠実に説明責任を果たす」という意識は全く見られない。

誰か一人が「このような処理はおかしい。ステークホルダーに説明がつかない」「正直に事実に向き合った上で、不祥事に立ち向かおう」と声をあげていれば、事態は変わった可能性がある。しかし、そのような「声をあげる異分子」は存在しなかった。

その結果、商工中金は、「越えてはならない一線」を、組織としての明確な決断のないまま、無自覚に踏み越えることになった。

明確な決断に基づく組織的隠ぺいであれば、その元凶となるリーダーを捕らえて処罰すれば、原因が除去される。これに対して、池袋事案型の不祥事は、法律構成要件的に「犯人」を捕らえることは困難である。無理矢理「犯人」を捕らえたとしても、不祥事を起こした元凶は除去されない。なぜなら、不祥事の元凶は「空気」であり、「空気」は処罰できないからである。

当委員会は、このような形での隠ぺい行為は、商工中金だけに発生する特殊・例外的な事案ではなく、日本型不祥事の典型であると考える。

この種の日本型不祥事は、同質集団が罪の認識を欠くまま進行していく。自ら止まることもなければ、それを止める人もいない。その結果、自覚症状のないまま、いつの間にか組織は蝕まれ、致命的な状況にまで至ってしまう。この意味で、決断に基づく悪事に比べてより性質が悪い。

商工中金の隠ぺい行為は、まさに「空気」が支配する同質的な集団で、誰もが何となくおかしいと感じながら誰も声をあげず、明確な組織的な意思決定のないままに、いつの間にか一線を越えてしまうという日本の企業不祥事の典型だ。これは満州事変から日中戦争、さらに太平洋戦争に突き進んだ戦前の日本の空気そのものといえる。

変化のためのキーワードは「多様性」と「ガバナンス」

このような文化的背景のある風土を一朝一夕に変えることは難しい。しかし、これを変えなければ企業不祥事は繰り返される。

ここで不祥事を防ぐためのキーワードがある。それは組織の中に女性、外国人、中途採用者といった「異分子」を取り込むということだ。ダイバーシティと言ってもよい。同質集団にどっぷり浸かった人に異議申し立てをしなさいと言っても効果が薄い。しかし、「空気を読まない人」が組織に入ることで内部に波風が立ち、皆が同じ方向に進む危険性が緩和される。また、多様な発想は（高度経済成長モデルの原動力になった同質集団の効率性を妨げることにはなるが）変化の激しいこれからの時代を乗り切るための力にもなる。

そして、ダイバーシティを会社組織の仕組みとして取り入れるのがコーポレートガバナンスだ。これについては、第4章で詳しく見ていくことにする。

［注］

1　なお、戦前のナチスドイツによるホロコーストについて、ユダヤ人の大量殺戮に対する「道徳的免責」をもたらしたのは、反ユダヤ主義イデオロギー以上に集団内部の同調圧力だったことを示すものとして、クリストファー・R・ブラウニング著『普通の人びと——ホロコーストと第一〇一警察予備大隊』（谷喬夫訳／ちくま学芸文庫）参照。同調圧力は日本だけの問題ではないことが分かる。

2　日本取引所自主規制法人は、上場しようとする企業の「上場審査」や、上場廃止基準への該当性の審査などの「上場管理」を行って資本市場の公正と信頼を守ることをその任務にする組織だ。

3　https://www.jpx.co.jp/regulation/listing/preventive-principles/index.html

4　There's one way to find out if a man is honest – ask him. If he says, 'Yes,' you know he is a crook.

5　https://www.zennoh.or.jp/press/release/171227%20plaisir%20report.pdf

6　https://www.shokochukin.co.jp/newsrelease/pdf/nr_170425_01_besshi1.pdf

7　第三者委員会が行った調査はサンプル調査であり、この結果を受けて、商工中金はその後約六カ月をかけて危機対応融資二二万件の全件調査を行った。その結果、不正口座数は四六〇九件（全体の二%）、不正行為者数四四四名、国内一〇〇営業店のうち九七店舗で発生していたことが判明した。処分者は不正行為者・支店監督者・本部職員の計八一三名に上った。
https://www.chusho.meti.go.jp/koukai/kenkyukai/syokoutyukinarikata/2017/171117syokoutyukinarikata04C.pdf

第3章

これからのコンプライアンス

変化の激しい現代社会で、コンプライアンスを「法令順守」と捉えていたのでは時代遅れになる。企業が有効なリスク管理を実現していくには、コンプライアンスという概念を社会の変化に合わせて再構築しなければならない。この際、レピュテーション・リスクとステークホルダー目線という言葉がキーワードになる。

本章ではこの二つのキーワードをベースにして、実例をあげながらコンプライアンスを巡る新しい潮流を明らかにしていく。同時に、「ではどうすればよいのか」についても具体的な方向性を示す。

あわせて、日々変化するリスクへの柔軟な対応を実現するための「羅針盤」になる「インテグリティ」についても実例をあげながら説明する。

1 コンプライアンスの主戦場はレピュテーション・リスク対応

企業不祥事の本質はレピュテーション・リスクにある

コンプライアンスは、企業不祥事を防止するためのリスク管理論だ。だから、コンプライアンスの実務を考える際には、企業不祥事の実態を知らなければならない。

企業が不祥事を起こすとどうなるか。

まず、不祥事が報道されることで、これまで隠されてきたいろいろな「まずいこと」が明らかにされていく。その結果、株価が下落する。目先の株価下落に止まらず、不祥事に厳しい目を向ける機関投資家が離れていき、株価の低迷が長期化する。消費者のイメージが悪化して顧客離れが進み、売上も落ちてくる。取引先の信用も失われる。経営陣に対する信頼感が低下し、従業員の働く意欲が失われ生産性も落ちてくる。法令違反があれば、業務停止命令などの行政処分を受けることにもなる。企業イメージの悪化によって優秀な学生から就職先として敬遠されるようになる。

企業不祥事とは、このような「負のスパイラル」により企業価値が毀損した状態をいう。

企業価値を創り出しているのは、株主・投資家・消費者・取引先・従業員・監督官庁・マスコミといった利害関係者（ステークホルダー）の企業に対する評価（レピュテーション）だ。

レピュテーションは、「企業の行為やそれに言及する情報をもとに与えられる、あらゆるステークホルダーによる評価の集積」ともいわれる[1]。言い方を変えれば、企業不祥事とはレピュテーション・リスクが顕在化して企業価値が毀損した状態だということになる。

したがって、不祥事対応はレピュテーション・リスク対応であり、コンプライアンスの主戦場はレピュテーション・リスク対応ということになる。

法令順守論からのアプローチでは有効なリスク管理はできない

新聞などで企業不祥事が報道される場合、コンプライアンスは「法令順守」と記載されることが多い。

しかし、「法令順守」といった発想で企業不祥事を効果的に防ぐことはできない。

阪急阪神ホテルズの食材偽装事件

二〇一三年、阪急阪神ホテルズが運営するレストランで、「バナメイエビ」を「芝エビ」と表示して提供するなど、多くの食材の偽装表示をしていたことが大きな問題となった。

当初、阪急阪神ホテルズの経営陣は、故意の「偽装」ではなく、過失による「誤表示」と主張したが、強い社会的非難を受け、社長が辞任に追い込まれる事態となった。

確かに、景品表示法、不正競争防止法、食品衛生法、日本農林規格（JAS）法に抵触しているかという「法令順守」という側面から見ると、阪急阪神ホテルズの主張も理由がないわけではない。いくら法令集や判例集を探しても阪急阪神ホテルズのメニュー表示は何らかの「書かれたルール」に抵触することは発見できなかったと思われる。かえって、「真面目に」リサーチをしていけば、「バナメイエビ」を「芝エビ」として提供することは業界慣行では「普通のこと」として行われていたという情報を入手したかもしれない。

阪急阪神ホテルズは、このように法令順守論、さらには業界慣行にとらわれた対応を行った結果、強い社会的非難を招き、社長の辞任に追い込まれるという事態に至った。コンプライアンスを不祥事防止のための企業のリスク管理論として捉えた場合、法令解釈に終始するやり方や業界慣行にしたがう対応は有効ではないことが分かる。

阪急阪神ホテルズの食材偽装事件は、レピュテーション・リスクという観点を欠いた「法令順守的対応」によるリスク管理の失敗例といえるだろう。

あおぞら銀行行員のインサイダー取引事件

二〇〇九年に発覚したあおぞら銀行の行員によるインサイダー取引事件も、法令順守的アプローチの問題性を示している。

この事件は、あおぞら銀行の審査部に所属する行員（X）が、融資先である上場企業の経営悪化による信用格付けの引き下げ情報や、TOB（株式公開買い付け）のための融資審査情報などを利用して、多数の株取引を行っていたというものだ。たとえば、上場企業の経営悪化の情報が公開される前にその企業の株を「空売り」しておけば、その情報が公開されて株価が大幅に下落したときに大きな利益を得ることができる。また、TOBの対象となる企業の株価は大きく上昇するので、TOB情報が公開される前に対象企業の株を購入しておけば大きな利益を得ることができる。

【図3-1】法令違反行為と社会規範に反する行為の関係

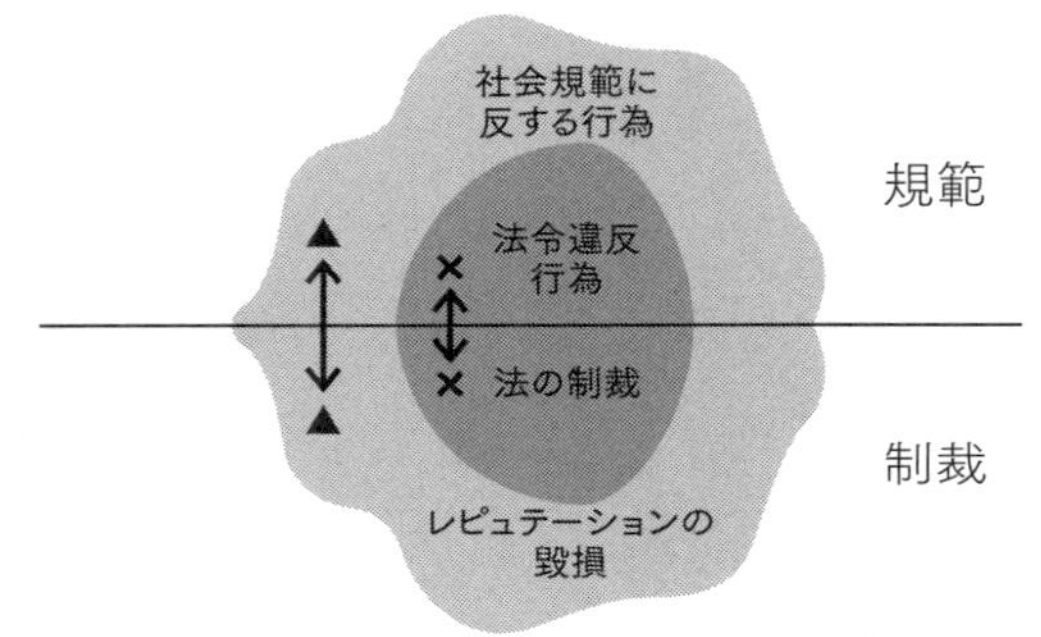

法令違反行為（法規範に反する行為）と社会規範に反する行為（ステークホルダーの期待に反する行為）の関係を図示したもの。法令違反行為（✖印の行為）に対しては行政処分などの法の制裁が科されて企業価値が毀損する。これに対して法令違反ではないが社会規範に反する行為（▲印の行為。たとえば、バナメイエビを芝エビと表示する行為）に対しては法の制裁が科されることはないが、レピュテーションの毀損という事実上の制裁がステークホルダーにより発動され、企業価値が毀損する。

【図3-2】社会規範は変化する

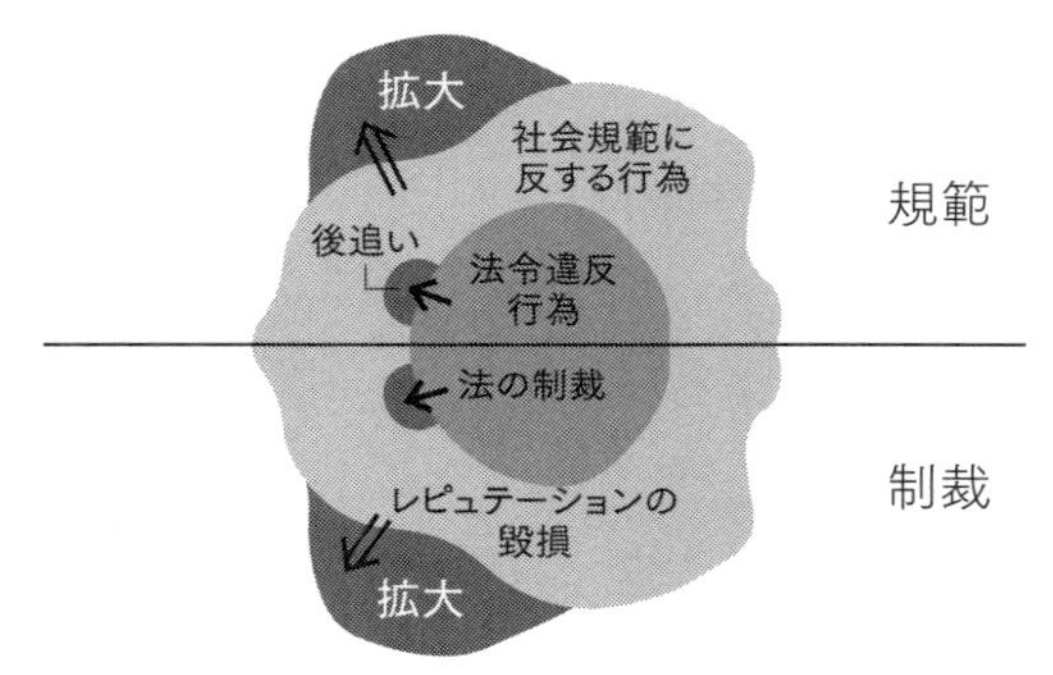

社会規範（ステークホルダーの期待）は時代によって変化し、拡大していくことを示した図。法令も社会規範の変化に応じてその規制範囲を拡大することもあるが、それは後追い的であり、社会規範の変化・拡大に追いつくことはない。

筆者は、第三者委員会の委員長としてこの事件を調査し、二〇〇九年一一月一一日に「調査報告書[2]」を公表した。

調査報告書で指摘したのは、法令順守的対応がX行員の行為を抑止する効果がなく、それどころか自らの株取引を正当化することに使われたということだ。

法律ではインサイダー取引に当たるとして処罰するためには、公開前の「重要情報」（株価に影響を与える情報）を利用して株取引を行ったというだけでは足りず、その重要情報を「自ら取得した」か、重要情報を持つ人から「伝達された」ことが要件とされている。

第三者委員会がX行員の株取引を調査したところ、取引をした三一銘柄のうち二六銘柄が審査部で審査対象となった企業の株式であることが判明した。この事実だけからしてもX行員の行為は許しがたいものだ。しかし、X行員は第三者委員会のヒアリングに対して、「自分はその企業の審査担当者ではないから重要情報を『自ら取得』していない。情報は他の審査担当者が話をしているのがたまたま聞こえただけなので『伝達』はされていない。だから自分の行為はインサイダー取引に当たらない」と抗弁した。

あおぞら銀行の行員に対するコンプライアンス・プログラムにはインサイダー取引防止も含まれていて、X行員も研修を受けていた。第三者委員会が研修内容を調査したところ、それは詳細な法律論を勉強させるものだった。その結果、X行員はコンプライアンス研修で、重要情報を利用した株取引であってもその情報が審査担当者として自ら取得したものでも他の担当者から伝達されたものでもなければ、処罰されることはないという知恵をつけられることになっていた。

そもそも、この事件の本質は何か。それは、銀行員が業務上知ることとなった情報を利用して私利を図ること自体、銀行員の倫理に反する行為で許し難いということだ。そのような行為を防げなかった銀行の管理体制は極めて問題で、ステークホルダーの銀行に対する信頼が大きく損なわれた。X行員の株取引は、その全体が問題なのであって、犯罪（インサイダー取引）はその延長線上にある結果に過ぎない。現にX行員が行った多数の株取引のうち、犯罪として立件されたのは数銘柄分だけだった。

あおぞら銀行のコンプライアンス・プログラムはインサイダー取引の法令解釈に偏したもので、もっとも大切な「銀行員としての倫理感」を育てるものではなかった。その結果、あおぞら銀行は重大なレピュテーション・リスクにさらされることになった。

2 新時代のリスク管理を考えるにあたって知っておくべきいくつかの概念

コンダクトリスク

コンダクトリスクとは

コンダクトリスクについては、明確な定義はなく、必ずしも共通した理解が形成されているわけではないが、従来のリスク管理の枠組みの中で捕捉・把握されておらず、いわば盲点となっているリスクがないかを意識させる概念だ。

コンダクトリスクという考え方は、社会の企業を見る目が厳しくなるにしたがって単に既存の法令などのルールを守るという法令順守対応では企業のリスク管理として不十分となった、という現実認識からスタートする。そして、ステークホルダーの要請に応えられない「不適切」な行為、つまりレピュテーション・リスクが企業にとって重大な影響を与え、企業価値を毀損するという現実に着目する。この意味で、レピュテーション・リスクと同じ発想のリスク概念といえるだろう。

ただ、問題とされる行為が「集団的」であるという点で、個別の不適切行為が問題とされることの多いレピュテーション・リスクを超える特徴がある。また、コンダクトリスクは、自社は直接損失を被らないが、顧客などの外部のステークホルダーが損失を被ることにより、ステークホルダーによる非難を招き、結果として企業価値が大きく毀損するという点にも特徴がある。例をあげて考えてみよう。

サブプライムローン

サブプライムローン問題は、コンダクトリスクの顕在化と位置づけられる。サブプライムローンは、二〇〇八年のリーマンショックに始まる世界的な金融危機をもたらした元凶の一つと言われている。

サブプライムローンというのは信用度の低い債務者に対する不動産担保融資に過ぎず、一つ一つの融資（ローン）はそれ自体違法なものではない。しかし、多数のサブプライムローンを全体として見ると、これは不動産価格の（際限ない）上昇を想定したバブル融資の集合だといえる。さらに悪いことに、そのローンが信用力の高いローンと混ぜて証券化され、世界中の投資家にばらまかれたため、深刻な金融危機を招いた。

サブプライムローンは、それを構成する一つ一つの融資は違法なものではないが、銀行や証券会社が顧客の利益も市場の健全性にも配慮せず、自己の利益を追求するためのものだった。

このような「銀行本位」の融資が、証券化というテクニックを用いて膨大に積み重なり、この結果として金融危機を招いたのであり、世界中で「強欲な金融機関」に対する強い批判、怒りの声が上がった。

このような経験を踏まえて、単なる法令の枠を超えて、「社会的公正」や企業が「社会の公器」であるという観点、つまりステークホルダーの目線で企業の行為が厳しく評価されることになり、コンダクトリスクの考え方が生成されてきた。

英国金融当局（ＦＣＡ：Financial Conduct Authority 金融行為監督機構）は、「顧客の正当かつ合理的な期待に応えることを金融機関が第一に自らの責務として捉え、顧客への対応や金融機関同士の行動、市場での活動で示すこと」を金融機関に期待される「コンダクト」として定義し、こうした「顧客保護」「市場の健全性」「有効な競争」に対して悪影響を及ぼす行為が行われるリスクがコンダクトリスクだとしている。

損害保険会社の付随的保険金不払い問題

日本でコンダクトリスクが大きな問題となった事例としては、二〇〇五年に明らかになった損害保険会社の「付随的保険金不払い」問題をあげることができる（その時点では「コンダクトリスク」という言葉はなかったが）。

付随的保険金というのは、自動車保険で保険会社と顧客（契約者）の「主契約」によって被害者に支払われるメインの保険金（入院費用、逸失利益、慰謝料など）ではなく、「付随的な特約」によって契約者が支出した見舞い品や代車の費用などに対して支払われる保険金をいう。数百万円から数千万円にもなる主契約の保険金とは違って、付随的保険金の額は通常数千〜数万円程度に過ぎない。この少額の保険金が大量に不払いとなっていた。不払いの件数は保険会社十数社合計で一〇万件を超え、不払い額の合計も六〇億円を超えていた。

なぜ、これほど大量の不払いが発生したのか。その理由は、「契約者からの請求がなかったから」というものだった。

保険金は契約者から請求を受けて支払うという「請求主義」が原則だ。これは「業界の常識」であり、各社の約款でも定められてきた。そうだとすると、請求がなかったから支払わなかった、というのは契約違反・法令違反には該当しないということになりそうだ。当初、保険会社側は「請求があれば支払うのだから不払いではない」という姿勢だった。

しかし、その結果、一〇万件を超える件数で合計六〇億円もの保険金が支払われていないという状況は「全体・集団」として見ると、どう考えても不当だ。

自動車事故を起こすのは、顧客が保険契約をした数年後であることが多い。事故を起こした契約者は保険会社から数年前に「被害者へのお見舞い費用や代車費用にも保険金が出ますよ」と聞いていたかもしれない。でもそんなことを覚えているはずもなく、契約者の最大の心配事は多額に及ぶ被害者への賠償金が保険でカバーされるかということだ。そのような心理状態の契約者に対して「お見舞い費用（お菓子代三〇〇〇円）を支払ったのなら請求してください。あなたが保険金請求しないのだから支払えません」というのは、世間の常識から見ておかしい。保険会社は、契約者が主契約で保険金を請求した際、他の特約があるかどうかを知りうる立場にある。保険会社は契約者へ請求を促せばよいのに、それをしなかった。にもかかわらず、付随的保険金の支払い請求がないので支払わないというのは「不払い」というほかない。保険会社は当初「支払い漏れ」と言っていたが、これは言葉のすり替え、ごまかしに過ぎない。

なぜ、こんなことになったのか。

一九九八年の保険の自由化以降、保険会社の競争は激化していった。業界では以前にも増して、新規契約の獲得などで収益拡大を重視する傾向が強まった。特に自動車保険では、各社が特約という形での独自の保障を競い合った結果、商品が複雑化し、保険を販売した側の保険会社自身、どのような特約がついているのかよく分からなくなった。保険金支払い体制の整備も追いつかなくなった。こうして、付随的な保険金の不払いが大量発生することになった。

しかし、商品の複雑化や保険金支払い体制の整備遅れは保険会社側の都合に過ぎず、顧客である契約者の責任ではない。保険を販売するときには、「こんなにいろいろな保障がついていますす」とセールストークしておきながら、いったん事故が起こったあとは、契約を楯にして「請求がなければ払えません」というのでは、「顧客本位」どころか、その正反対の「保険会社本位」の経営が行われていたというほかない。

かんぽ生命の不正問題

二〇一九年六月に発覚した日本郵政グループのかんぽ生命の不正事件もコンダクトリスクが顕在化した典型例といえる。

かんぽ生命の養老保険や終身保険といった保険商品は全国の郵便局が個人向けに販売しているが、顧客の利益を無視して過去の契約を新しい契約に変更する「乗り換え」が横行していた。過去五年分についてだけでも、たとえば、古い契約と新しい契約が七カ月から九カ月間重なって顧客が保険料を二重払いしていた事例が約七万件、逆に古い契約の解約から新しい契約まで四カ月から半年の間無保険の状態になっていた事例が約四万六〇〇〇件、保険を乗り換えようとして古い保険を解約したが健康状態が変わったため新しい保険の審査に通らなかった事例が約一万九〇〇〇件……といったように、契約者の不利益となった可能性のある事例が一八万件以上あることが判明した。

この結果、日本郵政グループはおよそ三〇〇〇万件の契約すべてを対象に、顧客が不利益を被ったものがないかという検証作業を行わざるを得なくなった。

このような大量の不正行為を生じさせた背景要因としては、低金利で保険販売が厳しくなるという背景事情のもとで、現場の販売員に収益目標達成のための過剰なノルマが課されていたことがあげられている。

当初、日本郵政側は「顧客が同意している」といった理由で「法令違反ではない」という強

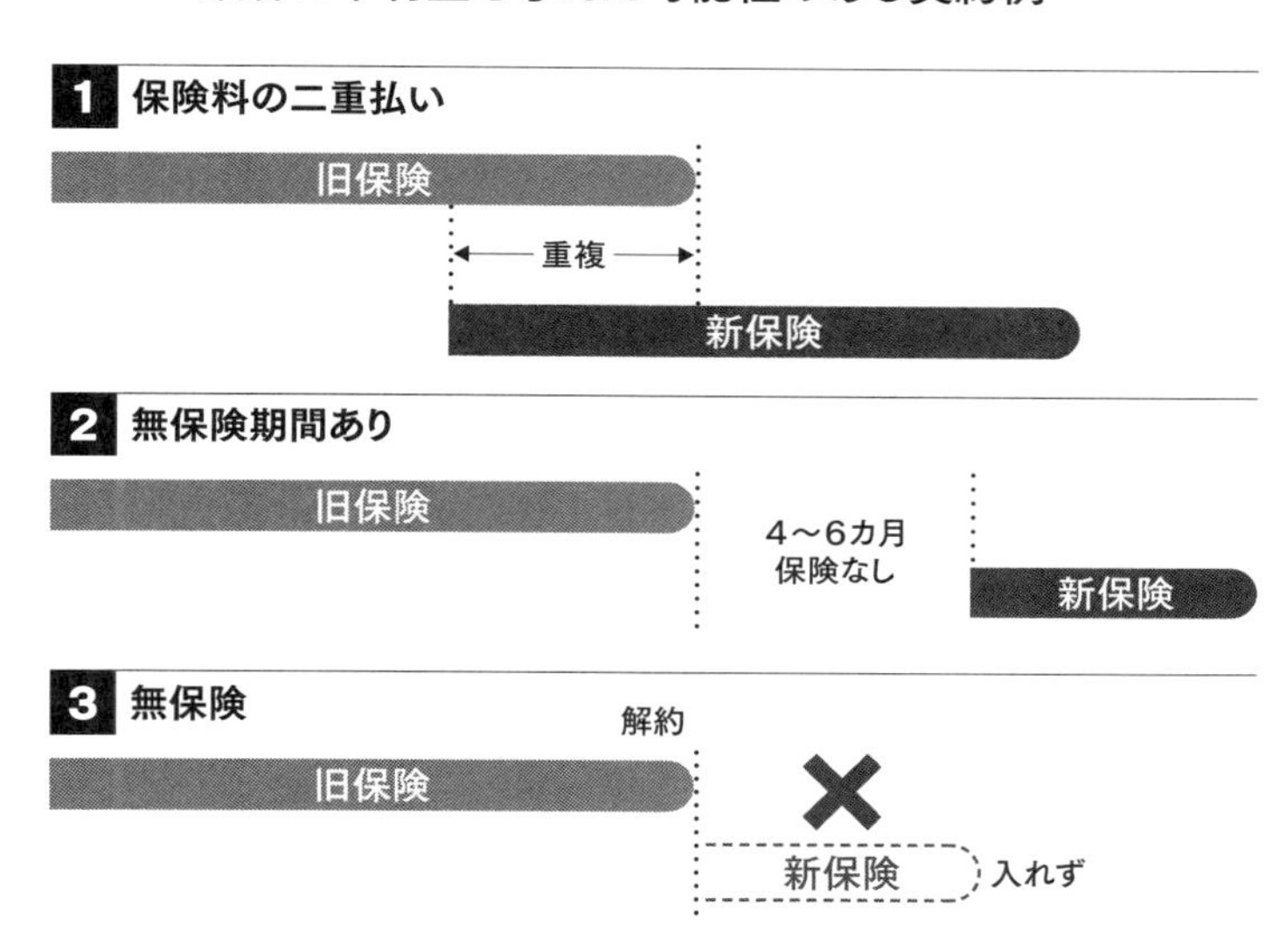

気の姿勢で臨んでいた。しかし、激しい社会的批判を受けて一転して不適切行為を認めて謝罪し、大規模調査を行わざるを得ない状況に追い込まれた。

このような経過も、顧客を軽視した法令順守的対応がステークホルダー（かんぽ生命の契約者と被保険者の人数は二六四八万人。国内で約五人に一人が加入している計算になる）の怒りに対して火に油を注ぐという不祥事の典型的なパターンとなっている。

コンダクトリスクの特徴

サブプライムローン問題、付随的保険金不払い問題、かんぽ生命の不正問題は、次のようないくつかのコンダクトリスクの特徴を共通して備えている。

【図3-4】コンダクトリスクの概念

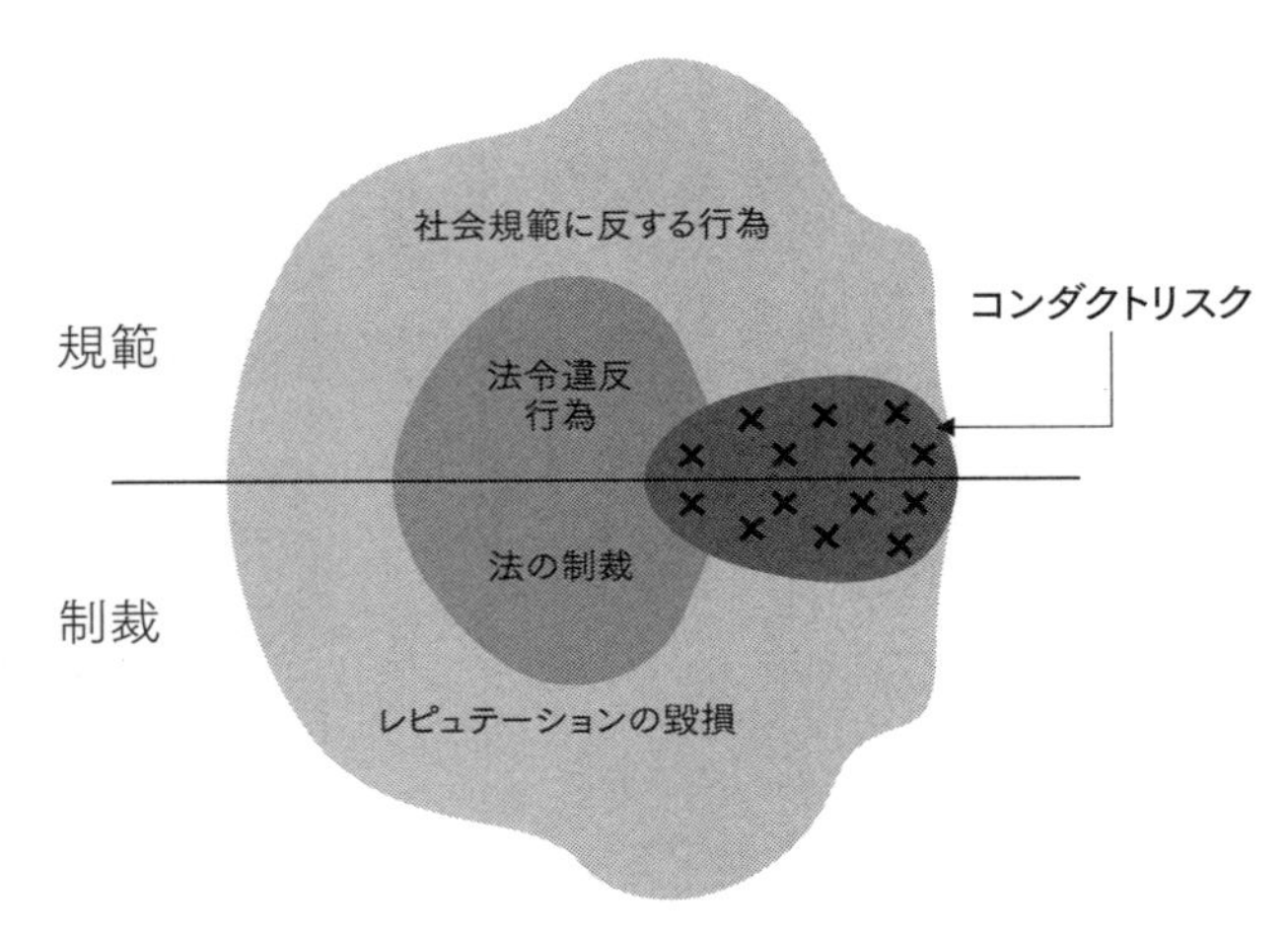

コンダクトリスクの概念を図示したもの。明確な法令違反とはいえない行為（✕印）が多数行われるが、その多くは「世間の常識」（ステークホルダーの期待）に反する「会社本位」の行為であり、「全体・集団」として見るとその不当性が明らかになる。

- 明確な法令違反の事案は比較的少数だが、「全体・集団」として見ると（＝「一本一本の木」ではなく、「森」を見ると）不当性が明らかになり、ステークホルダーの強い怒りを招く。
- 「業界の常識」が「世間の非常識」となっている。
- 顧客本位ではなく、会社本位である。
- 行きすぎた収益重視が背景にある。

金融以外の事業会社でもコンダクトリスクは大きな懸念事項になっている。

第2章で取り上げた神戸製鋼所事件を始めとするデータ偽装事件も、

法令違反に至る事例は比較的少数であるにもかかわらず、不適切な行為が長期にわたって集団的に行われ、社会（ステークホルダー）の強い怒りを招いたという点で、コンダクトリスクの典型例ということができる。

そして、前述の阪急阪神ホテルズの食材偽装事件を始めとする多くの食材偽装事件も同じく、コンダクトリスクの事案そのものといえるだろう。

プリンシプルベース[3]

ルールベースとプリンシプルベース

ルールベースとプリンシプルベースという言葉がある。ルールベースというのは、詳細なルールで「できること、できないこと」を明確に定めて規制される側の予測可能性を確保するという考え方だ。

これに対してプリンシプルベースは、原理原則（プリンシプル）を明確に示すが、細かいルールまでは定めず、どのように行動するかは現場の判断に任せるという考え方だ。

真面目な（そして、いささか頭の固い）法律家的発想からすると、「原理原則だけでは具体的な行動基準として不十分」ということになる。刑法には「罪刑法定主義」という考え方がある。これは人の自由を奪う（たとえば刑務所に入れる）ためには国家権力の恣意的な行使は許されず、刑罰を科する行為はあらかじめ明確に定められていなければならないというもので、これ自体は大事なものだ。刑罰（司法）の領域だけでなく、企業活動を規制する場面にもルールが明確で予測可能性がなければならないと考えると、ルールベースが望ましいということになりそうだ。

確かに、予測可能性は大事だ。しかし、詳細なルールがなければ何が許され、何が許されないか判断できないわけではない。「大筋」で考えれば、正しいこと、正しくないことはだいたい分かる。しかも、変化の激しい現代社会では、ルールが社会の変化に追いつけないというのが実際だ。ルールを絶対視すると、「ルールで禁止されなければ何をやってもかまわない」という「法律の網の目をかいくぐる輩」が必ず出てくる。

このような企業は目先の儲けを得られるかもしれない。だが遅かれ早かれ、やったことは明らかになりステークホルダーから強い批判を受けて企業価値は毀損し、持続的な成長は望めない。ステークホルダーはルールベースで企業を見ていない。「この会社は真っ当か？」というプリンシプルベースで企業を見ている。この意味で、企業のリスク管理のあり方としては、プリンシプルベースによる対応のほうが合理的だということになる。

ルールベースの限界とプリンシプルベース

ルールベースの問題性と限界は、コンダクトリスクとの関係でも明らかになる。二〇〇三年から二〇一三年までイングランド銀行総裁を務めたマーヴィン・キング氏が、このことを明確に述べている。

キング氏は二〇〇八年のリーマンショックとその後の金融危機に対応した英国金融界のトップだが、危機を防げなかった金融政策を顧みた著書『錬金術の終わり――貨幣、銀行、世界経済の未来』（遠藤真美訳／日本経済新聞出版社）で、細かい規制の解釈にこだわる対応は「負のスパイラル」に陥ると述べている。

監督当局は銀行システムを改善するために力のかぎりを尽くしてきた。しかし、「木を見て森を見ず」という印象は否めない。規制があまりにも複雑になりすぎて（中略）問題の核心が見えなくなってしまっている。規制を細かく定めるのは、規制の内容を明確にするためであるのに、それが複雑になりすぎて、規制をする側も、規制を受ける側も、法律がいまどうなっているのか把握できないような状態にある。規制がこれほど複雑になっているのは、金融機関からの圧力によるところが非常に大きい。銀行家と当局者は、不正行為で摘発されないように詳細な規制を遵守するという文化を助長することで、自滅へと導く複雑性の負のスパイラルにはまり込んでいる[4]。

キング氏はさらに次のように述べている。

厳密にやってまちがえるより、おおむね正しいほうがよい」。

日本でも、金融庁はすでに二〇〇八年四月に「金融サービス業におけるプリンシプルについて」を発表し、金融行政の舵をプリンシプルベースに切り替えてきている。

そこで、プリンシプルとは次のように説明されている。

> プリンシプルとは、法令等個別ルールの基礎にあり、各金融機関等が業務を行う際、また当局が行政を行うにあたって、尊重すべき主要な行動規範・行動原則と考えられる。

野村ホールディングスに対する金融庁の業務改善命令

二〇一九年五月、金融庁は、野村ホールディングスと野村證券に対して、東京証券取引所（東証）の市場区分見直しに関する情報漏洩問題で業務改善命令を出した。

この事案は、東証の市場区分見直し問題（東証一部の時価総額基準が現行の四〇億円でよいのかといった問題など）に関する有識者懇談会のメンバーだった野村総合研究所の研究員が、「今後の東証一部の指定・退出基準となる時価総額は二五〇億円となりそうだ」という情報を野村證券のストラテジストに漏らし、ストラテジストから内容を伝えられた営業担当者が顧客にこの情報を提供したというものだ。

漏洩した情報には個別企業の内容が含まれていないため、インサイダー情報には当たらず直接の法令違反には該当しない。しかし、投資判断に重大な影響を及ぼしうる非公開情報だった。このため、金融庁は「資本市場の公正性・公平性に対する信頼性を著しく損ないかねない行為」に当たるとして処分に踏み切った。この処分はまさに金融庁がルールベースではなくプリンシプルベースで臨んでいることを示している。法令に違反したわけではない野村に対する業務改善命令には、「ルールさえ守ればいいという考え方は許さないとの金融庁のメッセージがある」(日本経済新聞/二〇一九年六月四日)と受け止められている。

羅針盤としてのプリンシプル

プリンシプルベースは、金融機関だけでなく一般企業にも当てはまる。

プリンシプルベースの発想によれば、成文化されたルールがない場合やルールの解釈が分かれる場合でも、原理原則(プリンシプル)に遡って考えることで、企業がとるべき行動についての基本的な方向性が見えてくる。

このようにプリンシプルは、変化の激しい現代社会を生き抜いていくために、企業が「自分の頭」で考えながらリスク管理を実践していく際の羅針盤としての役目を果たす。

フォワードルッキング

第1章で取り上げたＮＨＫ記者らが放送前のニュース原稿を利用してインサイダー取引を行った事件をもう一度取り上げる。

二〇〇六年の「カラ出張」問題の発覚を受けてＮＨＫでは「三〇〇〇万件のコンプライアンス調査」という常軌を逸した対応がなされ、この形式的で膨大で煩瑣なコンプライアンスが現場を疲弊させた。その結果、報道機関でもっとも大切な現場の制作意欲、プロ意識を失わせてしまったことはすでに指摘したとおりだ（第1章2節）。

ところで、ＮＨＫがこの「三〇〇〇万件コンプライアンス調査」を実施していたのと同じ時期に、日本経済新聞社で新聞掲載前の原稿を利用して株取引を行うというインサイダー取引事件が発生した。この事件は大きく報道され、もちろんＮＨＫのニュースでも報道された。

ＮＨＫも日本経済新聞社も同じ報道機関であり、企業に関する大量の未公開の重要情報を扱っている。そのため常にインサイダー取引のリスクがつきまとう。インサイダー取引は報道機関にとって致命的なリスクになる。だとすると、ＮＨＫでもインサイダー取引を重要なリスクと意識して、日本経済新聞社と同種のインサイダー取引が発生しないように十分なコンプライアンス施策を行われなければならないのは当然のこととなる。しかし、ＮＨＫでは、このような観点からのリスク管理（コンプライアンス施策）は、ほとんど行われていなかった。つまり、日本経済新聞社のインサイダー取引事件はＮＨＫに対して何の警告にもならなかった。

なぜ、それほどまでにリスク感覚が鈍かったのか。

その理由は、「三〇〇〇万件のコンプライアンス調査」が忙しすぎて、組織としてインサイダー取引にまで意識が及ばなかったからだった。

このようなことは「真面目な」組織で起こりやすい。何か不祥事が起こると、「あってはならないことが起きてしまった」とばかり、目の前で起こったのと同じ不祥事が二度と起こらないようにと悉皆調査（「しっかいちょうさ」と読む。要するに全件漏れなく調査すること。役所が好んで使う言葉の一つ）を行う。その結果、ほとんどのエネルギーは過去に発生した同種事案の撲滅に費やされる。

しかし、企業のリスク管理の目的は「将来起こるかもしれない不祥事を予測し、事前に手を打つ」ことにある。悉皆調査的対応でリスク管理に費やすエネルギーの大半を浪費する「後ろ向きのモグラ叩き的対応」は単なるアリバイ作りに過ぎず、合理的なリスク管理とはいえない。

変化の激しい現代では企業を取り巻くリスクは日々変化していて新しいタイプのリスクが発生し続けている。この意味で、リスク管理で大事なことは「将来に向けた（＝フォワードルッキングな）想像力」だということになる。

リスクベース・アプローチ

リスクベース・アプローチとはどういうことか

リスク管理に用いることができる経営資源は有限だ。したがって、リスクが大きい分野に重点的に配分するのは当然のこととなる。このようにリスク管理にメリハリをつけるやり方をリスクベース・アプローチという。

では、メリハリをつけるとは、具体的にはどういうことか。上場企業グループのリスク管理を例に考えてみよう。

上場企業は、ほとんどの場合「企業グループ」で活動している。株式を証券取引所に上場しているのは親会社だけだとしても、企業グループにはたくさんの子会社（さらに孫会社）があって連結経営が行われている。

ただ現実には、リスク管理のレベルについては親会社と子会社とで大きな格差がある。親会社は売上も大きく社員数も多い。コンプライアンス部門などのリスク管理部門も充実している。これに対して、子会社にはそもそもリスク管理部門が存在しないことも多い。これは当然のことのように見える。売上も小さく社員数も少ない子会社にリスク管理のコストをかけるのは非効率だと思えるからだ。しかし、ここに落とし穴がある。

東洋ゴムの免震積層ゴム性能偽装事件

二〇一五年、東洋ゴム工業[6]（東洋ゴム）製の建築用免震積層ゴムで、品質データの偽装（性能偽装）が明らかになった。免震積層ゴムは、地震による振動エネルギー（揺れ）を直接建物に伝えないように建築物の柱下と基礎との間に設置される免震装置に用いられるゴムのことで、この性能偽装は多くの人びとに建築物の安全性に対する大きな不安を抱かせた。このため東洋ゴムは性能偽装の対象となった百数十棟のマンションなどの免震積層ゴム交換を行わなければならなくなった。

この免震積層ゴムを製造したのは、親会社（上場企業）の東洋ゴムではなく、子会社の東洋ゴム化工品だった。

東洋ゴムグループの連結での総売上高は三〇〇〇億円を超えている。一方、偽装が行われた子会社である東洋ゴム化工品の免震積層ゴム事業は、売上高が七億円程度でグループの総売上高に占める割合は〇・二％程度に過ぎない。

しかし、子会社がやったことだと言って親会社が免震積層ゴムの交換やそれに伴う改修工事の責任を免れることはできない。投資家は連結財務諸表を見て投資しているし、東洋ゴムのレピュテーションはグループ一体のものだからだ。この結果、東洋ゴムは二〇一六年一二月期の連結決算で、特別損失を六六七億円計上し、問題が発覚した二〇一五年一二月期以降の損失の累計額は一一三四億円に上ったと報じられている（日本経済新聞／二〇一七年二月一五日）。

東洋ゴムグループの中では、タイヤ事業が主流とされ、性能偽装が行われた免震積層ゴム事業は非主流・傍流と位置づけられていた。そのため品質向上への投資や優秀な人材の育成・確保が進まない状況になっており、リスク管理の仕組みも構築されていなかった。しかし、地震国である日本では、免震積層ゴムの性能偽装は、建物に住んでいる国民の生命・身体の危険に直結する。問題を起こした企業は、多額の賠償義務を負うだけでなく、重大なレピュテーションの低下が起こる。

このような状況を考えれば、免震積層ゴム事業は、売上の大小にかかわらず、重大なリスクを内在させており、リスクベース・アプローチの観点からは十分なリスク管理の資源を投入しなければならない領域だったと言える。

子会社の不祥事はグループ全体を直撃する

東洋ゴムの性能偽装事件は、子会社の不祥事がグループ全体を直撃した事件だ。

同様のことは、旭化成グループでも発生した。第2章で取り上げた横浜の「傾斜マンション問題」がこれにあたる。この事件は旭化成の子会社である旭化成建材が起こしたものだが、二〇一六年には親会社である旭化成の社長が辞任に追い込まれる結果になった。

東洋ゴムや旭化成に限らず、多くの日本企業では、リスクの大きい事業を行っている子会社があるにもかかわらず、それに対するリスク管理が手薄になっている。その結果、多くの大型企業不祥事は子会社で発生し、グループ全体の企業価値を毀損している。

子会社で不祥事が多い理由

なぜ、多くの企業で子会社の不祥事が多いのか。

子会社の業務はグループ内で非主流・傍流とされることが多い、ということを第一の理由としてあげることができる。

非主流・傍流と位置づけられると社員のやる気が低下する。そのため不正に対する心理的な抵抗感が薄れる場合がある。主流事業との人材交流も乏しくなりがちだ。親会社サイドも非主流・傍流の領域にリスク管理のコストをあまりかけたくないという意識が働き、不正防止の牽制が効きにくくなる。

このように考えると、主流の親会社よりむしろ非主流・傍流の子会社のほうが、不祥事リスクが大きいということになる。

第二の理由として、企業会計原則の「重要性の原則」についての誤解をあげることができる。

企業会計は正確に行われるべきものだが、あまりに詳細にやりすぎるとかえって煩雑だ。そのため、財務諸表の全体像を明瞭に表示するために、重要性の乏しい取引については簡便な会計処理が認められるというのが「重要性の原則」だ。たとえば、少額の処理の間違いがあったとしても、「重要性の原則」から見て有価証券報告書の訂正までする必要はないと言われることがある。また、「重要性の原則」の金額基準は税引き前利益の五%などとされることもある。

この「重要性の原則」を無批判に取り入れると、売上の小さい子会社は「会計上、重要ではない」と判断され、「だから、リスク管理のコストをかけなくてよい」という方向に進んでしまう。しかし、「重要性の原則」の考え方は、企業不祥事「防止」の局面では使うべきではない。このことは、東洋ゴムの事例を見れば明らかだ。グループの総売上高の〇・二%程度の売上しかあげていなかった子会社の性能偽装によってグループ全体で一〇〇〇億円をはるかに超える損害を被った。「重要性の原則」は事象が発生した「事後」の会計処理の考え方であって、不祥事という事象の発生を防ぐという「事前」の対応を考える際に用いるのは間違っている。

このような認識は広く浸透し、最近は公認会計士の世界でも、会計監査の際に金額の大きさばかりにとらわれずに「非財務リスク」にも十分に注意を払って監査を行わなければならないという方向が強調されるようになっている。

形式的・網羅的な対応からの脱却

企業グループ全体のリスク管理を効果的に行うためには、事業規模や売上規模の大きい領域から順にリスク管理の資源を投入するというやり方では現実に対応できない。「規模の大小」や「親会社か子会社か」ではなく、事業の性格を見極めて、そのリスクの大小を正しく評価し、それに応じて資源を投入しなければならない。

ここで気をつけなければならないことがある。「子会社にもリスク管理が必要」ということから、親会社と同じようなフルサイズのコンプライアンス体制を作らせるといった対応が見られるということだ。しかし、そのような形式的・網羅的な対応は、親会社側のアリバイ作り、自己満足に過ぎず、子会社に無用の負荷をかけるか、あるいは面従腹背されるだけで、リスク管理の実効性はない。

この点で参考になるものとして、筆者も委員を務めた警察庁の「監察業務の高度化等に関する検討会」の「報告書[7]」（二〇一三年三月）がある。監察というのは警察官の不祥事を監査・監督する機関で、この報告書は、警察官の不祥事多発に直面した警察庁が監察のあり方を大幅に見直そうとして設置した検討会が取りまとめたものだ。

> 監察は、形式的・網羅的に幅広い調査項目を設定することにとらわれず、対象となる分野ごとに非違事案が発生するリスクが高い業務領域を分析し、当該領域に重点を置いて行うべきである（リスクベース・アプローチ）。これにより、各業務部門側は、重点的に取り組むべき事項に対し、限られた資源を効率的に投入することが可能となる。

さらに参考になるものとして、外国公務員に対する贈賄を処罰する米国の海外腐敗行為防止法（FCPA）について米国司法省（DOJ）と証券取引委員会（SEC）が公表している

FCPAガイド[8]の次の記載がある。

ワンサイズで全ての場合に適用する（One-size-fits-all）コンプライアンス・プログラムは、通常、見当違いで非効率的なものになる。なぜなら、経営資源は広く薄く拡散し、低リスク分野に過大に投入され、高リスク分野に必要な資源が行き渡らなくなってしまうからである。

ここだけでは、「米国当局も、要するに『メリハリをつけろ』と言っているのだな」ということが確認できるに止まるが、大事なのはこの先だ。

リスクベースのコンプライアンス・プログラムを誠実に実践している企業については、たとえそのプログラムが高リスク分野により大きな注意を払って経営資源を投入してきたことにより低リスク分野での違反を防げなかったとしても、DOJとSECは、そのような姿勢の企業に対しては相応の配慮をする。

「リスクベース・アプローチでやりなさい」と言っておきながら、低リスク分野のささいなものであっても違反が見つかった以上は厳しく処罰するということだと、企業側としては怖くてメリハリをつけた対応ができない。そこで米国当局は、リスクベースのコンプライアンス・プログラムを「誠実に実践している」のであれば「細かいことにはガタガタ言わないよ」という姿勢を表明している。このような米国当局の姿勢には見習うべきところが多い。

COLUMN

コンプラ疲れ

不祥事を起こした企業では、第1章で取り上げたNHKの三〇〇〇万件調査とその後の再発防止策のような形式的・機械的な対応を強化し、これが現場にとっては「押しつけられた無駄な作業」と受け止められている例が多い。この場合、再発防止策は形骸化し、コンプライアンスは現場の自律的な取り組みとして定着せず不祥事を繰り返す、というのが「真面目な」日本企業に多いパターンだ。

このような後ろ向きの形式のみに偏ったルールの押しつけは、現場の「コンプラ疲れ」を招く。

「コンプラ疲れ」を招く対応の特徴は次のような点にある。

- 詳細で厳格な社内規程を多く作り、法令やルール違反の有無にこだわる形式的で網羅的な対応を何重にも積み重ねていること。つまり、ルールベースに偏していること。
- 発生した個別問題に対する事後的な対応を偏重していること。つまり、フォワードルッキングな姿勢が欠けており、メリハリをつけたリスクベース・アプローチになっていないこと。

- 社員のプライド、働く意欲を尊重していないこと。つまり、ルールを作る側の都合が優先され、現場の実情を軽視したアリバイ的な対応になっていること。
- コンプライアンスの問題をビジネスモデルや経営戦略と一体のものではなく、孤立した問題として狭く捉えていること。つまり、「コンプライアンスのためのコンプライアンス」になっていること。

3 では、どうすればよいのか

誤った対応（静的対応）

「コンダクトリスク」や「プリンシプル」を詳細に定義しようとする「真面目な」企業は、コンダクトリスクやプリンシプルなどを詳細に定義して、それを守らせようとするといった誤った対応を行いがちだ。たとえば、コンダクトリスクの一環である「顧客本位」の具体的内容を詳細に定め、商品説明のマニュアルを作ったりする。

しかし、そもそもコンダクトリスクというのは、既存の法令などの「書かれたルール」を守るという法令順守的発想では日々変化するステークホルダーの要請に対応できないというところから出てきた概念だ。それを法令順守的に詳細に定義しようというのは、コンダクトリスクについての理解を根本的に欠くものというしかない。

このことはプリンシプルについても同じだと言える。

対応をコンプライアンス担当者任せにする

「コンプライアンスは法務・コンプライアンス部門がやることだ」として、対応をコンプライアンス担当者任せにする企業も少なくない。

しかし、日々変化するコンダクトリスクの概念やレピュテーション・リスクに直面し、それを実感しているのは現場の第一線だ。コンプライアンス部門だけが「コンダクトリスクとは何か？」といくら頭を捻っても現実離れしたものになるだけで、コンプライアンス意識が現場に浸透することはない。

また、コンプライアンス・リスクはビジネスと不可分一体で、コンダクトリスクやレピュテーション・リスクはビジネスモデルや経営戦略自体に内在するものだ。つまり、リスクはビジネスの外にあるのではなく、日々行っているビジネスそれ自体の問題なのだ。この点に思い至らず、コンプライアンスを担当者任せにする経営者は、自ら行っているビジネスの性質を十分に理解していない経営者だと言わざるを得ない。

COLUMN

三つの防衛戦

①営業部門などの事業部門、②コンプライアンス部門などのリスク管理部門、③内部監査部門の三つの部門の不祥事防止機能の分担について、「三つの防衛線（3 Lines of Defense)」という言葉がある。

(1)事業部門による自律的管理

事業部門は、ビジネス活動に起因するリスクの発生源であり、リスク管理の第一義的な責任を有する。「自分たちは利益をあげさえすればよい。リスク管理はコンプライアンス部門にやってもらう」といった事業部門の対応は許されない。事業部門自身が、リスク管理の責任を担うのは自分たちだ（自分たちがディフェンスのファーストラインだ）という主体的・自律的な意識をもって、現場のリスク管理を実行していくことが不可欠となる。

(2)管理部門による支援と牽制

コンプライアンス部門などのリスク管理部門は、独立した立場から事業部門のビジネス活動を牽制すると同時に、事業部門の自律的なリスク管理を専門的立場から支援する役割を担う。

リスク管理部門がこれらの重要な機能を十分に果たすためには、経営陣が主導して、管理部門の役職員に十分な権限や地位を付与し、十分な人材を質及び量の両面において確保することが必要となる。

(3)内部監査部門による検証

内部監査部門は、事業部門やリスク管理部門から独立した立場で、リスク管理体制について検証し、その構築やその運用に不備があれば、経営陣に指摘して是正を求めることが任務となる。

内部監査の質を向上させるためには、ビジネスモデルをリスクベース・アプローチの観点で評価して監査項目を選定することが必要となる。また、内部監査が有効に機能するためには、社外取締役、監査役（会）、監査法人などと連携して実効的な監査を実施していくことが重要だ。

求められるのはダイナミックな対応（動的対応）

「明確な答えはない」ことを出発点にした「柔軟」で「寛容」な対応

現代社会ではビジネス自体が急激に変化してきている。その一方で、企業に対するステークホルダーの目はより厳しいものになり、企業のレピュテーション・リスクも日々高まっている。コンダクトリスクやプリンシプルベースという概念ができてきた背景には、このような現実がある。他方、激しい変化はリスクでもあるが、新しいビジネスチャンスにもつながる。リスクとチャンスは表裏の関係にあり、リスクから逃げてばかりいたら企業の発展はない。

このような状況で、「これが正解」という「書かれたルール」は存在しない。そうである以上、現場で間違いは必ず発生する。「良かれ」と思ってチャレンジしたら、それが間違っていたということもしばしば起こる。このような場合、間違いを非難してはならない。むしろ、その間違いを分析し、「どこに問題があったのか」「今後、どうすればいいのか」を考えるための貴重な経験値として共有し、今後に生かしていくことが必要だ。

「ミスは大歓迎」「トライ・アンド・エラーを重視」という姿勢は、企業のチャレンジ精神を旺盛にして成長を促進するという「攻め」の機能を果たすだけでなく、リスク管理という「守り」の側面からも企業のリスク耐性を高める効果がある。

コンダクトリスクの特徴は、不適切行為が知らず知らずのうちに蓄積し、ある時点で取り返しのつかないレベルに達して大きな社会的非難を招くという点にある。少数の間違いで企業が重大な危機に陥ることはない。だから、ミスは撲滅する対象とするのではなく、有効に生かしてコンダクトリスクに至る前に軌道修正する素材にするという対応が合理的だ。この意味で、ミスは企業のリスク耐性を高めるためのワクチンのようなものと位置づけることができる。

企業には、このような困難な状況で、「概ね正しい対応は何か（＝致命的な誤りをしないためにはどうすべきか）」を自分の頭で考え実践するという「日々変化するリスクへの柔軟な対応」が求められている。そして、このような対応を可能にするのは、ミスを非難するのではなく、今後に向けての経験値に変えていく「柔軟」で「寛容」な企業カルチャーなのではないかと思われる。

対話プロセスを重視し、異論や外部の意見を尊重する

「唯一の正しい答えはない」という現実を踏まえると、「概ね正しい対応」に到達するためには「ダイナミックなプロセス」の確保が重要になる。

「ダイナミックなプロセス」を確保するためにもっとも重要なことは、現場と経営陣の間の双方向のコミュニケーションだ。コンプライアンスの研修というと一方通行的な座学に終始しがちだが、それでは効果が乏しい。当事者意識をもって議論（コミュニケーション）に自ら参加することで、初めてコンプライアンス意識が「与えられたもの」ではない「自分のもの」になる。

双方向のコミュニケーションを行う際には、次のような工夫が必要になる。

異論を奨励する

コンプライアンスという言葉を使われると、それが金科玉条となってしまう傾向がある。双方向のコミュニケーションを実施するとしても、タテマエ論に終始する例も多い。

たとえば、社長と現場の若手とのディスカッションを行う場合、それを企画する中間管理職

が「社長に失礼があってはならない」などと忖度し、想定問答集を作るなどということが現実に行われている。そこまででなくても、実際には現場の側が遠慮して、あるいは「どうせ言っても変わらない」という意識から本音を語ろうとしないことも多い。経営陣と現場の双方向のコミュニケーションといっても、ただやればよいというものではない。

そこで重要になってくるのが、企業の内部に漂う「空気」を壊し、敢えて異論を述べるように仕向けるというモデレーターの役割だ。たとえば、「コンプライアンスばかりで息が詰まるのではないか?」「顧客本位と言っても、売上目標を達成するためにはそうも言ってられない現実があるよね?」というように水を向け、かえって現場が経営陣に対して「コンプライアンス重視とおっしゃるけれど、本音のところはどうなのか?」という質問をするレベルまで行けば対話は成功と言ってよい。なぜなら、コンプライアンスとは「経営陣が現場にやらせるもの」ではなく、「経営陣が率先して実行するもの」であり、経営陣が自分の問題として悩み、経営者として判断を下すべきものだからだ。

このような本音の対話では、明確な答えが出ないことが多い。しかし、それでまったくかまわない。このような対話を繰り返すことにより、現場も経営陣もコンプライアンスを強く意識するようになり（ルールを暗記してもすぐに忘れるが、レピュテーションとは何か、コンプライアンスとはどういうことか……ということを自分の仕事との関係で悩みながら議論した感覚・意識は簡単には失われない）、具体的な局面で判断を行う際には自然とステークホルダーの目線やレピュテーション・リスクを意識するようになる。

従来型のルールベースのコンプライアンスは、現場にとっては「上から降ってくるもの。現場の行動を制限する足かせ」だった。でも、それでは変化に対応できない。「コンプライアンスとはどういうことか」という「答えのない問い」を双方向で考えるというダイナミックなプロセスを確保することでコンプライアンスの新しい潮流に対応することが可能になる。

外部の意見を取り入れる

企業の常識が社会の非常識となっている状況が、企業不祥事の大きな要因になっている。そこで、社内の「空気」を読まない外部の人材の意見を積極的に取り入れることが企業にとって重要となる。

外部人材は、ステークホルダーの代弁者と位置づけることができる。

多くの企業では社外役員（社外取締役、社外監査役）というステークホルダーの代弁者が存在している。しかし、その活用は十分に進んでいるとはいえない。社外役員の役割は取締役会や監査役会に出席して意見を述べることであるが、それだけに止めるべきではない。社外役員は、コンプライアンスの新しい潮流の中で経営陣や現場社員にステークホルダー目線を意識させるという重要な役割を担っている。コンプライアンス・リスクはビジネスモデルや経営戦略自体に内在するもので、コンプライアンス・リスクの管理は、まさに経営の根幹をなす。したがって社外取締役であれ社外監査役であれ、ビジネスリスクについて経営陣と徹底して議論するのはもちろんのこと、積極的に現場に赴いて社員との双方向のコミュニケーションを図ることが求められる。

「裁判では」「法律では」という殺し文句に惑わされない

ある金融機関で金融商品を販売する際に用いる説明マニュアルが問題になった。

そのマニュアルでは、金融機関が顧客に対する説明責任を果たしたことを確認するため、営業担当者が商品の説明をする前に、チェックリストにしたがって顧客に二〇項目の質問を行うことになっていた。しかし、二〇項目もの質問をしていたのでは、それだけで二〇分くらいの時間を取られてしまう。仮に一人の顧客に費やす時間を三〇分とした場合、商品そのものを説明する時間が一〇分しか取れないことになる。これでは顧客本位とはいえないということで、チェックリストを簡素化する方向に議論が進んだ。

そこで、質問項目をどうしても必要な一〇項目に絞ろうということになったが、ここで法務部門から異議が出された。「二〇項目のチェックリストは当社を守るためのものでもある。顧客から説明義務違反の裁判を起こされた際に、このチェックリストを証拠として出すことで説明責任を果たしていることが証明できる。だから、項目を減らすことには反対する」というものだった。

このような議論はよくなされがちだ。「裁判」や「法律」を持ち出されると皆が沈黙してしまい、先に進めなくなる。そして、網羅的なチェックリストはそのまま残り、実際の説明時間は十分に取られず、本来の意味での顧客本位は置き去りにされる。

しかし、この場合は違った。その会議を取り仕切る役員と法務担当者の対話は次のようなものだった。

「当社では、説明義務違反で訴えられる裁判が一年に何件あるの？」

「一〇件程度です」

「当社が負ける案件はどれくらいあるの？」

「和解も含めて二～三件ですが、場合によります」

「半分の裁判で負けるとして、その金額の合計はどれくらいになるの？」

「ケースによりますので、何とも言えません」

「じゃあ、仮に半分の五件で、一件当たり五〇〇万円負けるとしよう。そうだとすると、五件×五〇〇万円で二五〇〇万円だね。仮定に仮定を重ねるが、二〇項目のチェックリストだけのおかげで、負けるはずだった五件の裁判で勝てるとすると、二〇項目のチェックリストの価値は二五〇〇万円ということになるね」

「はあ」

「当社の営業担当者が三〇〇人だとして、一人が一年に三〇〇人のお客さまに三〇分の商品説明をするとしよう。チェックリストの項目を半分の一〇項目にして一〇分で済ませるとした場合、創出される時間は、三〇〇(人)×三〇〇(人)×一〇(分)＝九〇万分＝一万五〇〇〇時間ということになるな。つまり、チェックリストを一〇項目に簡素化すると、当社全体でお客さまに丁寧に説明できる時間が一万五〇〇〇時間生み出されるということだね。この一万五〇〇〇時間と二五〇〇万円のどっちが大事だと思う？」

「そのようなことは法務が判断することではありません」

「なるほど、そういうことか。ただキミの感覚を聞きたかったんだけどね。それでは、この問題は経営が引き取って判断することにしよう」

経営陣で検討した結果、チェックリストを一〇項目に簡素化することが決定した。

多くの場面では、「あちらを立てれば、こちらが立たない」というトレードオフの関係に直面する。このような状況でどちらを取るかを決断するのが経営判断というものだ。

このような場合、えてして「裁判では」とか「法律では」と言われてしまうとそこで思考停止に陥ってしまうことが多い。しかし、裁判で負ける可能性を検討して、それを許容することも経営判断としては認められる場合もある。確かに顧客を騙しておきながら「証拠がなければ勝てる」といった法的判断に依拠した反倫理的な経営判断が許されないのは当然だ。しかしここで議論しているのはそのような問題ではない。

この事案でも、仮に弁護士に、「裁判に勝つためには、この二〇項目のチェックリストがあったほうがいいですか？」と質問をすれば、弁護士は「あったほうがいいです」と答えるだろう。しかし、「この二〇項目のチェックリストがなければ裁判に勝てませんか？」と質問すれば、「チェックリストだけで勝負がつくものではありません。要は実質です」という答えが返ってくるだろう。

弁護士に意見を求める際には、「専門家に聞けば正しい答えが返ってくる。正しい質問をする限りにおいてだが」ということを念頭に置いておくことが重要だ。

小さな不正には動かぬ証拠があるが、大きな不正には兆候しかない

たとえば、「印鑑を押してない」とか、帳簿の金額が合わないといったミスや不正には「動かぬ証拠」がある。他方、企業のレピュテーションを大きく傷つける重大な不正には明確な証拠はなく、兆候しかない場合が多い。

金銭不正を例にすると、現場で少額の金を盗んだらすぐに見つかるが、経営陣による巨額の不正では、帳簿の数字はつじつまが合うように整えられているので、帳簿をいくら眺めても不正を発見することはできない。だがこの場合でも、不正を窺わせるいくつかの「兆候」はあり、想像力を駆使してこれらをつなぎ合わせることによって全体像が浮かび上がってくる。

これを不正発見の監査という観点から見ると、従来の内部監査部門は、ややもすると重箱の隅をつつくように小さな問題を細かく指摘する「不備指摘型」の監査に傾いていた（監査役にも同じ傾向の人が多い）。しかし、このような監査はリスクベース・アプローチの観点から見ても不合理だし、監査を受ける現場（被監査部門）の共感も得られない。したがって、これからの監査は従来のやり方を改め、「木」よりも「森」を見る方式に変えていく必要がある。

具体的には、書面監査中心から対話型への移行が必要だ。

従来は監査というと被監査部門の一室に監査人が閉じこもり、帳簿書類を山のように積み上げて一日中それを読み込んでいることが多かった。それでは駄目で、現場の「生の声」を聞くことでリスクの芽を発見するという姿勢が求められる。この姿勢により複数のリスク情報を集積することが可能になり「森」が見えやすくなる。そして、それを可能にするためには監査人自身がビジネスの実態をよく知らなければならないし、現場の声を「傾聴」するスキルも必要になってくる。

なお、いくら「森を見る」姿勢で監査をしたからといって、その場で不正を発見することは簡単ではない。それよりも、現場との対話によって、「何か問題があったり、おかしいと感じることがあれば、この人（監査人）に相談しよう」という気持ちになってもらうことが大切だ。

つまり、内部監査は不正を「その場で発見」するというよりは、現場に不正をキャッチするアンテナを立てるための「種まき」の機会だというくらいの発想の転換が必要だ。筆者はこれをキャッチコピー的に「おいこら監査から種まき監査へ」と称している。

COLUMN

タコツボ、サイロ、そして「健全な領空侵犯」

現代社会では専門化が好ましいと考えられていて、ジェネラリストよりもスペシャリストが尊重される。企業経営者もできるだけ無駄を省き、組織の効率を高めなければならないというプレッシャーにさらされている。大学でも専門性に重きが置かれ、一般教養（リベラルアーツ）は軽視されている。

しかし、効率化を追求しすぎると大きな落とし穴に落ちることになる。

コンダクトリスクはまさにそのあらわれだ。タコツボ（欧米では「サイロ：Silo」と呼ばれる）に閉じこもる専門家が増えることで、かえって目の前にある大きなリスクをみんなが見逃してしまう。「部屋の中にいるゾウが大きすぎて見えなかった」という現象があちこちで起きている。

では、どうすればよいのか。「パソコンの電源を切ってオフィスを出よう。そして、自分とは違う世界の人との出会いを求めよう」というのがその答えだ。金融庁のある高官は職員に対して「役所に閉じこもってばかりいないで、どんどん外に出て違う職業の友人たちと食事をしろ」と奨めている。

企業の中でも、他部門の人たちとの交流や部門間の人事異動といった時間のかかる目先の利益につながらない活動にどれだけ本気で取り組むかが大事になってくる。

日々の企業活動でも、「営業は営業、法務は法務、人事は人事」といった縦割り的、「おれの仕事に口を出すな」的、あるいは「人の領域には余計な口を出さない」的な対応ではなく、フォー・ザ・カンパニーのチームとしての発想で「他部門の意見を聴く。他部門の領域にも口を出す」という「健全な領空侵犯」を許容する文化を醸成することが企業の長期的な成長につながっていくと考えられる。

4 すべての基礎となるインテグリティ

「一本の筋」としてのインテグリティ

コンダクトリスクやプリンシプルを詳細に定義しようとする方向は間違っており、企業に求められるのは「日々変化するリスクへの柔軟な対応」であることは上に述べたとおりだ。

しかし、「柔軟な対応」といっても、無節操な行き当たりばったりの対応が許されるというわけではない。柔軟な対応の中にも「一本の筋」がなければならない。ここで鍵となるのが

「インテグリティ（integrity）」という概念だ。

ステークホルダーは、いちいち法令などのルールに照らして企業を評価しているわけではない。ステークホルダーは、「言行一致か」「誠実か」「間違いを犯した場合、真摯に現実に向き合って改善に取り組んでいるか」というインテグリティの観点から企業を評価する。だからインテグリティは、コンダクトリスクやプリンシプル、さらにはレピュテーション・リスクを考える際のベースとなる。

インテグリティを明確に定義するのは難しい

インテグリティは、「誠実さ」「真摯さ」などと訳され、多発する企業不祥事の根本原因がインテグリティの欠如にあるのではないかという文脈で語られることが多い。

では、インテグリティとはどういうものなのか。

P・F・ドラッカーは著書『現代の経営（The Practice of Management）上・下』（上田惇生訳／ダイヤモンド社）でインテグリティについて、「経営管理者にとって決定的に重要なものは、教育やスキルではない。それは真摯さ（インテグリティ）である」としている（下巻二六二ページ）。

もっとも、ドラッカー自身は、インテグリティの定義は難しいと言っている。そこで、インテグリティが欠如する人の例をあげてインテグリティを理解しようとする。ドラッカーは、イ

ンテグリティが欠如する人の特徴として、
•人の強みではなく、弱みに焦点を合わせる者
•皮肉家
•「何が正しいか」よりも「誰が正しいか」に関心をもつ者
•真摯さよりも頭脳を重視する者
•有能な部下を恐れる者
•自らの仕事に高い基準を定めない者

をあげ、「真摯さ（インテグリティ）に欠ける者は、いかに知識があり、才気があり、仕事ができようとも、組織を腐敗させる」としている（上巻二一八〜二一九ページ）。

日本でも、麗澤大学の高巌教授は、『「誠実さ」（インテグリティ）を貫く経営』（日本経済新聞出版社）で、インテグリティについて次のように述べている。

「インテグリティ」の本来的な意味は、「言うこと」と「行なうこと」が一貫し、そこにぶれが無いということだ。これまで、様々な事件や不祥事が起こる度に、問題企業の経営者たちが再発防止と綱紀粛正を世の中に向かって誓ってきたが、その誓いの言葉は単なる決まり文句となりがちであった。厳しい言い方をすれば、インテグリティなどまったく存在しなかった。

二一世紀に入り、消費者や顧客、市民や社会は、もはや誓いの言葉をリップサービスに終わらせることを許さなくなっている。社会は誓いを明確な公約と捉え、もし公約を果たさなければ、インテグリティの無い会社、存在意義の無い会社と見なすようになっている。（同書五一ページ）

高教授の指摘は、企業がステークホルダーに囲まれた「社会の公器」であることを踏まえ、インテグリティを企業に対するステークホルダーの信頼の鍵になる概念として位置づけるものだ。

コンプライアンスとインテグリティ

コンプライアンスは、企業不祥事を防止するためのリスク管理論の基本概念の一つだ。コンプライアンスを「法令順守」と定義する人がいるが、この定義は狭すぎて不適切なことは繰り返し述べてきた。その理由は、企業不祥事とは、企業が社会的非難を受ける行為（法令違反に限らない）によりステークホルダーの信頼を失い、企業価値が毀損する状況であり、それを防ぐためには単に法令を順守するだけでは足りないからだ。そこで、コンプライアンスとは、「日々変化する社会的要請にしたがった（＝comply する）企業行動」ということになる。

ところで、コンプライアンス（不祥事防止のためのリスク管理）は、企業が変化の激しい現代社会を生き抜いていくための方法論であることからすると、本来、自発的・能動的なものでなければならないが、「〇〇にしたがう（＝complyする）」という言葉の意味から受け身のイメージが強くなってしまう。また、どうしても「やらされるもの」「細かい規則で縛られるもの」という（本来あるべきコンプライアンスとは異なる）イメージがつきまとう。

一方で、インテグリティという概念には、次のような特徴がある。

- 社員の誇りと一体となって、持続的成長の核となる企業経営者の行動原理。
- 「やらされる」受け身のものではなく、自発性と不可分。
- 細かい規則で縛るルールベースではない、プリンシプルベースの概念。
- 経営者に求められる求心力の源泉。

ここまでインテグリティという概念の一応の整理を試みてきたが、この言葉の厳格な定義に労力を費やすことにはあまり意味がない。ドラッカー自身も「定義は難しい」と言っているくらいだ。

大切なことは、インテグリティというものの本質を、現実の事例で実感し、それを実際の企業活動に生かしていくということだ。

そこで、インテグリティは、

①企業が急激に変化するビジネス環境に対応するための「羅針盤」となり、企業の持続的成長の基礎となるもので、

②「何のために企業はあるのか」「企業としてどうありたいのか」という「働く意味」と密接に関係し、

③「結果として」企業のコンプライアンス・リスク管理につながる、

ということだけを押さえておいて、その実例を見ていくことにする。

雑誌「ＮＢＬ（New Business Law）」（商事法務）では、インテグリティを概念的ではなく実例で示していく企画の「インテグリティ対談」を連載しており、菊間千乃弁護士と筆者が企業のトップにインタビューを行っている。その第一回に、六〇〇年の伝統をもつ羊羹の「虎屋」の黒川光博社長に登場していただいた。以下、その一部を引用するが、対談の中でインテグリティという言葉は登場しない。しかし、黒川氏の言葉からインテグリティの本質を実感することができる。

虎屋のインテグリティ（個の尊重）[10]

菊間　日本の企業の良さもそこにあると思うのですね。チームワークでやるというような。ただ、たとえば企業で何かまずいことが起こったときに、自分たちでかばい合って、ここだ

けでごまかそうとした結果、後々になって大きな問題になってしまうことがありますので、良い面と悪い面がある。日本人というのは基本的に正直で真面目でと言われている中で、なぜ、いろいろな企業の不祥事が起こるのかなと疑問に思っているところです。

黒川　そうですね……あくまで一般論ですが、正直さ、真面目さというのが裏目に出ているのかもしれませんね。何かあったときに、もう二度とそういうことは起こすまいとして、いろいろやろうとしますよね。それを形として、規則をつくろう、それが積み重なってがんじがらめにしていっている面があると思います。自由度がなくなって、だから再びミスをしてしまうというのもあるかと。

菊間　どのようにすればよいと思いますか。

黒川　規則に従うのではなくて、「確立された個」がきちんと育つようにすることかなと思います。あなたが正しいと思うならそれをやりなさいということが、いろいろな部署で、いろいろな場面で行われればよいのでしょうけれど、実際には、これをやってはダメ、これはいつまでにこうしければダメというように、縛られていますよね。

國廣　数百年の伝統企業が「個の尊重」をおっしゃっているというのは、とても大事な示唆が含まれていると思います。伝統と言うと何となく「誰にも教えない」「同じことを繰り返す」「わかるやつにわかればよい」という「墨守」というイメージがある。しかし、そういう伝統は滅びるだけの伝統で、おそらく虎屋さんがここまで歴史を重ねられた理由は、墨守とは全く異質の姿勢、つまり「個の尊重」や「考えながら変わっていこうという姿勢」を持ち続けていることが「虎屋の伝統」になっているからだと思います。墨守する伝統は一〇〇年ぐらいで潰れてしまうが、変わり続ける伝統なり姿勢なりというのは六〇〇年以上もつ。そのようなところが示されたのかなとお話を伺っていて思ったところです。

黒川 そこまで言っていただけるのはありがたいことです。(中略)このごろ「続く理由は何にありますか」とよく質問されるのですが、公平や公正というようなことが大切ではないかと思うのです。嘘をつかないとかね。それは言葉だけでは無理なわけで、良いことも悪いこともすべて含めて起こってくるさまざまなことに対して、正面からそれにどう向き合って、行動するか。事故があってもそれを正面からとらえて、きちんとお詫びをするときはする、われわれが正しいと思ったときにはきちんとそういうことを申し上げるとか、そういうことも含めて、公正や公平の精神が最も大切なのかなと思います。それをみんなが、そうだよなと少しずつでもわかり合うことによって、ある程度、長く続けられるのかなという気がし始めています。

國廣 先ほど私が申し上げた、変わり続けることも伝統、でも、それには一本の背骨が必要なのでしょうね。その背骨が、今おっしゃった公平と公正ではないかと思います。

菊間 それでも、人間は弱くて、ずるをしてしまう人が自分の会社の中に出るのではないかなという不安はありますか。

黒川　私は、もし何かミスをして社会から完全にたたかれるだろうなと思うのは、従業員を信用しすぎているということですよね。そこまで裏切られないと信用してよいのかというほど、従業員は間違ったことはやっていないだろうなと思うのです。

菊間　そこまで従業員の方を信頼できるのはなぜですか。

黒川　みんながよくやってくれているからじゃないでしょうか。

［注］

1　「レピュテーションリスク（評判リスク）――概念整理とマネジメントの方向性」ＳＪＲＭリスクレビュー6：寺師正俊

2　http://www.aozorabank.co.jp/about/newsrelease/2010/pdf/rpt_10070901_n.pdf

3　佐藤隆文著『資本市場とプリンシプル』（日本経済新聞出版社：二〇一九年）は、この分野のもっとも優れた基本書。

4　『錬金術の終わり――貨幣、銀行、世界経済の未来』三〇一ページ

5　右掲書一六九ページ

6　東洋ゴム工業は、二〇一九年から「ＴＯＹＯ ＴＩＲＥ（トーヨータイヤ）」に商号変更し、抜本的なコンプライアンス施策を実施して再生を図っている。

7　http://www.npa.go.jp/seisaku/jinji1/kansatsu/koudoka/houkoku.pdf

8　https://www.justice.gov/sites/default/files/criminal-fraud/legacy/2015/01/16/guide.pdf

9　ＮＨＫ・Ｅテレで二〇一九年八月一九日に放送された番組「芸人先生」では、爆笑問題がポテトチップス製造・販売の大手菓子メーカーを訪れて、共感を誘うプレゼンのコツを伝授した。ここで太田光氏は、「ちょっとはみ出したプレゼンが面白い。はみ出しすぎたときは〝ごめんなさい〟と言って修正すればいい」「はみ出さないように、はみ出さないようにと考えたプレゼンはつまらないんだよね」と言っていたが、コンダクトリスクへの対応にはこのセンスが必要だと考えられる。

10　「ＮＢＬ」一一三六号（二〇一八年一二月一五日）

第4章 コーポレートガバナンスの実際

本章では、新聞などでよく目にするがその実体がいまひとつ分かりにくい「コーポレートガバナンス」というものの本質を考える。

コーポレートガバナンスの議論が分かりにくいのは、「社外取締役は何人必要」とか、「監査等委員会設置会社（舌がもつれそう！）に移行することの意味」というように、制度論に偏った議論ばかりが行われていることが一因だ。

そこで、本章では、コーポレートガバナンスを巡る論点を分かりやすく整理した上で、コーポレートガバナンスを実質化するものは何かという観点から、実例に基づいた検討をしていく。

また、筆者が社外役員（社外取締役、社外監査役）を務めている会社で実際に行われている「教科書には書かれていない実務上の工夫例」も紹介する。

1　コーポレートガバナンスとは、どういうことだろうか

コーポレートガバナンスという言葉

最近、新聞紙上でしばしば目にする言葉に「コーポレートガバナンス」がある。「企業不祥

事の原因は、コーポレートガバナンスの不全にある」とか、「成長戦略としてコーポレートガバナンスを機能させるために社外取締役を増やせ」といった文脈で使われることが多い。

東京証券取引所が上場企業の行動指針として「コーポレートガバナンス・コード[1]」を発表して、上場企業は「コーポレートガバナンス報告書」を開示しなければならなくなった。この関係で「コンプライ・オア・イクスプレイン（comply or explain）」という言葉を聞いたことのある人も多いだろう[2]。

だが、「コーポレートガバナンスとは、どういうことか？」と問われて、明確に説明できる人はあまり多くない。「不祥事が起きたのはガバナンスが効いていなかったからだ」などと言われるが、「ガバナンスを効かせる」とは、どういうことなのか。また、「ガバナンスは成長戦略の一環だ」と言われるが、これはどういうことなのか。

そこで、コーポレートガバナンスという概念（考え方）を整理しておこう。

ガバナンスの基本は、チェック&バランスによる規律

誰もが学校で習った国の統治の仕組みに、権力分立（三権分立）というものがある。これは、国家権力を立法（議会）、行政（政府）、司法（裁判所）に分けて、相互に牽制（チェック&バランス）させることで権力の暴走を防ぐという考え方だ。チェック&バランスは権力に対する「規律」と言ってもよい。「権力は腐敗する、絶対的権力は絶対に腐敗する」[3]という歴史上、

幾度となく繰り返されてきた経験を踏まえた人類の知恵が権力分立の仕組みだ。

同じことは企業にも当てはまる。最初は優れた経営者だったとしても、長期間絶対的な権力を持ち続けると必然的に腐敗することは、日産のゴーン事件を見れば分かるだろう。

したがって、コーポレートガバナンスを考える際には、細かい議論に入る前に「ガバナンスの基本は、チェック&バランスによる規律にある」ということを、まず押さえておかなければならない。経営に「規律」があるから不祥事が防止されるし、「規律」があってはじめて持続的成長が可能になる。

企業経営に関わる人が制度について考える際には、座学による制度論のお勉強に多くの時間を費やしても意味はない。「それによって我が社の経営の規律が、どのように確保されるか」という個別具体的なアプローチが必要だ。ただし、そのためには必要最小限度のコーポレートガバナンスについての会社法の考え方は理解しておく必要があるので、簡潔に説明しておく。

コーポレートガバナンスの「型」

米国型のコーポレートガバナンス

米国型のコーポレートガバナンスの特徴は、業務執行を担う最高経営責任者（CEO：Chief Executive Officer）を頂点とする経営者・業務執行者（Officers）と、それを監督する取締役会（Board of Directors）の分離にある。

取締役会は企業の所有者である株主の代表として「取り締まる側」であり、経営・執行は「取り締まられる側」というように「経営・執行と監督の分離（つまり、同じ人がOfficerとDirectorを兼ねないこと）」が進んでいて、取締役の多くは社外から選任される。社外取締役は業務執行を行わず、もっぱら経営を監視（モニター）する。このため、取締役会は「モニタリング型」だと言われる。

日本の株式会社制度の変遷

従来の日本企業では、生え抜きの社員が業務執行部門の幹部になり取締役に出世するという形がほとんどで、取締役は当然業務執行も行うことになる。このように日本の株式会社では「経営・執行と監督の分離」がなされておらず、取締役会は重要な業務執行事項の決定も行うことから、「マネジメント型」だと言われる。

マネジメント型であるとしても、取締役会が業務執行（つまり、業務執行のトップである代表取締役社長）を監視・監督する機関であることに変わりはない。しかし、従来は終身雇用制度の下、従業員でもっとも出世した者が代表取締役社長になり、誰を新しく取締役にし、誰を次期社長にするかは今の社長が決めるというやり方が長年行われてきた。このため、法律では取締役会は執行（社長）を取り締まる（＝監視・監督する）機関とされているにもかかわらず、実際には取締役は社長の部下ばかりでその実質は社長に「取り締まられる役」ということになり、取締役会が監視・監督機能を十分に発揮できない状況が続いていた。同質の集団が効率的に同じ方向に向けて進んでいく高度経済成長モデル下では、これはこれで大きな問題にはならなかった。

だがその後、独裁的な社長の暴走による不祥事が見られたことなどから、高度経済成長期が終わる頃から監査役制度の強化が図られるようになった。法律上、監査役は、取締役を監査するための独立した地位を持ち、取締役の行為に対する差止権などの強い権限を持つことになった。

しかし、誰を監査役にするかは社長が決めていたため、その権限は「絵に描いた餅」に過ぎなかった。その上、監査役は取締役の法令違反についての監査（違法性監査）はできるが、経営の適切性についての監査（妥当性監査）はできないという考え方にとらわれて、取締役による違法とまではいえない不適切な行為があっても対応を自粛する監査役も多かった。このように監査役制度はあまり機能せず、監査役は「閑散役」などと揶揄された。

取締役会の監視・監督権限についても、他の取締役の不正行為を知りつつそれを止めなかった取締役に対して、「監視義務違反」を根拠にして賠償責任を認める裁判例も見られたが、大勢に影響を及ぼすことはなかった。

平成後期、バブル経済崩壊後の「失われた二〇年」には企業不祥事が多発した。このような状況でコンプライアンスという言葉が広まるのと時を同じくして、コーポレートガバナンスという言葉も知られるようになってきた。

この時期のコーポレートガバナンスの強化は、一つの方向性として、監査役制度の強化、特に社外監査役の義務化という形をとった。「社長に物申すことができる」社外監査役を置き、その任期を四年（＝四年間はクビにできない）とすることで、経営に対する牽制効果が期待された。

もう一つの方向性が、米国型のコーポレートガバナンスの導入だった。これは社外取締役を多数とする指名委員会・報酬委員会・監査委員会を設置して監査役をなくす「委員会設置会社」というもので、経営と監督の分離を進める形態だ。この委員会設置会社に移行したのは東芝などの「先進企業」だった。だがこの制度によっても東芝の不正会計事件を防ぐことができなかった。

では、社外監査役の義務化で監査役会が十分に機能するようになったかというと、そんなことはない。監査役会をもつ会社（日本企業の大部分を占める）でも不祥事は後を絶たない。その上、海外の投資家には監査役制度は馴染みが薄く、「社外監査役の役目はよく理解できない」「自分が理解できない制度は劣った制度だ」という米国中心主義の思い込みも、なかなかなくならない。

このような状況の中で、今いる社外監査役を社外取締役に「横滑り」させて社外取締役の数を確保して監査役をなくす「監査等委員会設置会社」が新しく認められた。

この結果、株式会社には「指名委員会等設置会社（米国型。前記の『委員会設置会社』とほぼ同じ）」「監査役会設置会社（従来の日本型）」「監査等委員会設置会社（折衷型）」の三つの種類が存在することになった。このようにコーポレートガバナンスに関する会社法の仕組みは目まぐるしく変遷してきた。

容れ物ではなく中身の問題

コーポレートガバナンスの観点から「指名委員会等設置会社」「監査役会設置会社」「監査等委員会設置会社」のどれがもっとも優れているか、と聞かれることがある。しかし、このような問いはナンセンスだ。

米国でも、エンロン・ワールドコム事件といった超大型の不祥事が起こっているし、優れた商業銀行モデルといわれたウェルズ・ファーゴでも、多数の消費者を欺く大規模な不祥事が起きている。米国型ガバナンスを採用した東芝の不正会計もある。社外取締役が主導権を持つ米国型の指名委員会等設置会社が当然に優れているわけではなさそうだ。

監査役会設置会社でも、社外監査役に加えて社外取締役の選任も義務化されてきたが、相変わらず不祥事が多い。逆に、監査役会設置会社で社外役員を有効活用してガバナンスの実効性を高めている企業も多い。

監査等委員会設置会社には、社外監査役を社外取締役に横滑りさせることができるという便法で新しく社外取締役を選ぶ手間を省こうとする不純な動機の会社も多いが、その一方で、ガバナンスを徹底する目的でこの形態を選ぶ会社も少なくない。

このように見てくると、ガバナンスの型だけからその優劣を考えるのはおかしいことが分かる。

2 コーポレートガバナンスを実質化するもの

独立性と多様性

独立性

コーポレートガバナンスの目的が、不祥事を防止するというリスク管理（守りのガバナンス）と、企業の成長戦略を支えること（攻めのガバナンス）の二つだとした場合、ガバナンスの基本である「規律」を実現するためには何が必要か。形の上で社外役員（社外取締役、社外監査役）が一定数いるというだけでは足りない。実際に規律をもたらすためには、社外役員の「独立性」と「多様性」がキーワードになる。

独立性が必須要件であることは疑問の余地がない。独立性のない社外役員が、社長（CEO）に対して牽制機能を果たすことはできないからだ。

では、ここでいう「独立性」とはどういうことか[4]。それは詰まるところ「社長と意見が対立したらいつでも辞めることができる」という経済的な独立性だ。これは「会社に生活が依存していない」「社外役員を辞めても食っていける」ということに他ならず、だからこそ社長に忖度することなく正しい意見を述べることができる。

経済的な意味での独立性に加えて、もう一つ重要な独立性がある。それは「気持ちの独立性」だ。いくら食うに困らない社外役員であっても、社長の同級生や個人的な付き合いのある人といった「お友達」だったら牽制効果は期待できない[5]。

また、社外役員の経済的独立性と気持ちの独立性を確保するためには、選任プロセス自体に客観性と透明性を確保することが必要だ。具体的には、社長による恣意的な選任を防ぐために、後述の法定あるいは任意の指名委員会に社外役員の選任権を持たせるといった対応が考えられる。

多様性

多様性（ダイバーシティ）は「同質性」の反対概念で、コーポレートガバナンスを実質化するための鍵になる。

今、企業は、ITやブロックチェーンなど新技術の爆発的発展、シェアリング・エコノミーに見られるようなビジネス環境の劇的変化、国際的なESG重視の潮流など、大きな変革の波にさらされている。このような状況で企業が成長を続けるには、取締役会で多様な考え方を闘わせる「攻めのガバナンス」が不可欠だ。同質集団から新しい発想は生まれない。多様性（ダイバーシティ）がなければ成長戦略は実現困難になる。

「守りのガバナンス」からも多様性は不可欠だ。同質集団が支配する企業では反対意見が出にくい。そのため経営に対する牽制が効かず、不祥事が起きやすいからだ。

多様性は、同質集団内の「忖度」や、商工中金の事例（第2章3節）で述べた日本型不祥事の温床となる「空気」といったものを打ち破るキーワードだ。

筆者は現在、三菱商事の社外監査役だが、株主総会で選任されたばかりの二〇一二年六月のある日、前任の社外監査役だった長友英資氏（元東京証券取引所常務。現在、日本電産の社外監査役などを務める）から、「國廣さん、社外役員で一番大事な力は何だと思う？」と問われたことがある。長友氏の答えは「それはね、〝空気読まない力〟だよ」というものだった。社外役員によるガバナンスをほんとうに機能させるために求められる力は、予定調和的なものとは異質の「空気読まない力」だというのだ。鈍感力の一つと言ってもよいかもしれない。

長友氏のアドバイスを心に留めて、筆者自身も取締役会でこの力をできる限り発揮しようと努力しているが（三菱商事に限らず、社外役員をやっている他の会社でも同じ）、生まれながらの日本人である筆者にとっては、結構しんどいこともある。しかし、このハードルを越えることが社外役員に求められる使命だと思って、日々「空気読まない力」を鍛えている[6]。

「攻め」と「守り」は表裏一体

コーポレートガバナンスには、企業価値を高めるための成長戦略としての「攻めのコーポレートガバナンス」と、企業価値を毀損する不祥事を防止するための「守りのコーポレートガバナンス」があると言われている。

古くさい法令順守的発想の人は「攻めは社外取締役」「守りは社外監査役」というように役割を固定的に捉えがちだが、ビジネスの実態は攻めと守りに区分できるような単純なものではない。

これからの時代は海図のない新しい世界で、そこは「書かれたルール」がない場所だ。企業には、自分の目でリスクを把握し、対処していく高いリスク管理能力が求められる。コンプライアンス・リスクはビジネスに内在するものなので、コンダクトリスクにつながりかねない不適切な行為を抑止するという社外取締役と社外監査役によるガバナンスの役割はますます重要になってくる。他方、リスク（不確実性）はチャンスでもあり、リスク管理能力はチャンスを見つけて果敢に挑戦する力の源泉でもある。ガバナンスがしっかりしていれば、経営陣は安心してリスクにチャレンジできる。この意味で、ガバナンスの機能は、経営陣による適切なリスクテイクを後押しするものでもある。

このように見てくると、「攻め」と「守り」は表裏一体だということが分かる。「攻め」も「守り」も社外取締役と社外監査役が手を携えてやっていかなければならない。

いまだに監査役の中にはビジネスの妥当性・適切性については判断する権限がないとして、違法性監査に自分の権限と責任を制限しようとする人がいる。しかし、コンプライアンス上の重大問題は、ビジネスモデル・経営戦略と表裏一体のものとして生じる。

たとえば、経営トップが事業の実力とかけ離れた短期的目線の利益目標を設定し、その達成を最優先課題とすることは、それ自体としては違法な行為ではない。しかし、その結果として役職員に大きなプレッシャーがかかり不適切行為に走る事例が多く発生している。このことから見ても、「監査役は経営に口出しすべきでない」という考え方は明らかに間違っている。社外取締役もまさにビジネスモデルの適切性を取り締まる責務があり、監査役と連携して経営陣によるコンプライアンスの実践を監視・監督していかなければならない。

社外取締役も社外監査役も自分の役割を狭く捉えていたのでは、ガバナンスの機能を発揮することはできない。

COLUMN

コンプライアンス・内部統制とコーポレートガバナンス

コンプライアンスは、企業不祥事を防止するためのリスク管理論、つまりステークホルダーを念頭に置いたレピュテーション・リスクマネジメントを意味する。そして、企業がコンプライアンスを実現するためには、組織的対応つまりリスク管理の仕組みが必要で、これがコンプライアンス体制といわれるものだ。

一方、内部統制という言葉もある。これも企業のリスク管理を意味するが、仕組みとして機能するものなので、内部統制システムと呼んだほうが分かりやすい。コンプライアンス体制を含むがもっと広い概念だ。内部統制システムの対象となるリスクは、将来発生するかもしれない不祥事などの「避けるべきリスク」（オペレーショナル・リスク）だけでなく、「チャレンジすべきリスク」（戦略リスク）も含む。企業が事業活動を行う際、オペレーショナル・リスクの対象となる事象であっても、戦略リスクの対象となる事象であっても、その事象を正確に認識して、適切に評価し、有効かつ効率的な対応策を考え、それを実行するというリスク管理の方法に違いはない。したがって、内部統制システムとは両方のリスク管理を統合的に考えていこうとする仕組み[7]であるといってよい。

コーポレートガバナンスは、これまで述べてきたとおり、「攻め」と「守り」が一体となったリスク管理の仕組みなので、統合的なリスク管理としての内部統制システムと同じ目的をもつものといってよい。

ただ、内部統制システム（コンプライアンス体制を含む）は、経営陣が企業グループの内部を統制していく「経営陣によるリスク管理」であるのに対して、コーポレートガバナンスは、取締役会、監査役会などが業務執行を担う経営陣を牽制し、経営に規律をもたらそうとする「経営陣に対するリスク管理」を意味する。このように、内部統制とコーポレートガバナンスでは、リスク管理の役割を担う主体が異なるという点を理解しておく必要がある。

CEOの指名と解任はコーポレートガバナンスの要

CEOの指名

経営トップである社長（CEO）の選任は、企業にとってもっとも重要かつ戦略的な意思決定事項の一つだ。

これまでほとんどの日本企業では、現社長が次期社長を指名し、取締役会がそれを形式的に承認するというやり方がとられてきた。次期社長に誰が適任かは現社長が一番よく分かっているし、次期社長の指名こそが現社長の最大のミッションの一つだとも言われてきた。現社長に私心がなく、人を見る目が備わっていればそれでよいとも言えそうだ。

しかし、現社長も人間であり、自分の子分を選んでしまうというような弊害がどうしても起こりうるし、現社長に私心がないとしてもその判断が常に正しいとは限らない。むしろ、社外役員の知見や経験も取り入れて、透明性のあるプロセスを確保して後継者を決めることが、成長戦略の観点からも望ましい。現社長の提案が正当なものであれば社外役員もそれを受け入れるだろう。選任過程がブラックボックスになっていては、ほんとうに最適な人物が選ばれているのかどうかが検証できず、判断の正しさが保証されない。

そこで、取締役会が実質的に後継者の決定を行うことが、コーポレートガバナンスの中心課題となる。

指名委員会等設置会社という形式をとれば、法的権限として社外取締役が過半数を占める指名委員会に指名権があるので、次期CEOの選任が社外取締役主導で行われることが確保される。ただ、この場合でも、権限をもつ指名委員会が正しく機能するためには、指名委員会が十分な時間をかけて、候補者群（ロングリスト）から有力候補者（ショートリスト）を絞り込み最終決定を行う、というプロセスが確保されなければならない。

監査役会設置会社や監査等委員会設置会社でも、任意の機関として指名委員会を設置する例が増えている。この場合でも、任意の指名委員会の委員の多くを社外役員にして、候補者選定のプロセスの透明性と客観性を確保すれば、指名委員会等設置会社と同等のガバナンス機能を発揮することが可能になる。

法定の指名委員会でも任意の指名委員会でも、社外役員は候補者のことがよく分からない（社外の人間なので、ある意味当たり前）という点を克服するため、社外役員が候補者の能力や人格を直接評価できる機会を多く確保する工夫が求められる。

そこでまず、候補者群（ロングリスト）に名前があがっている候補者については、取締役会で議案説明をさせたり、取締役会以外でも社外役員に対する担当業務報告を行わせるなど、候補者が担当業務にどのような姿勢で臨んでいるかを直接見る機会を増やすといった工夫が考えられる。また、ある企業では、候補者になりうる常務執行役員以上の役職者（十数名）を二〜三名ずつ数回に分けて社外役員全員（指名委員会の委員に限らない）との食事会を行い、その「人物を見る」機会を確保している（食事会はアルコールも入る夜のほうがよい）。

このようなプロセスを経て候補者の絞り込みを行い、ショートリストに残った数名について、指名委員会で十分な議論を尽くして最終的な決定に進むことになる。この際には候補者によるプレゼンテーションの機会を設けることも必要だろう。この結果、現社長のイチオシの候補者が指名されれば、その判断の正しさが客観的に証明されたことになる。もし否決されたら、現社長の判断がステークホルダー代表の社外役員の賛同を得られなかったというだけのことだ。

二〇一八年六月に改訂されたコーポレートガバナンス・コードでも、新たに「取締役会は、CEOの選解任は、会社における最も重要な戦略的意思決定であることを踏まえ、客観性・適時性・透明性ある手続に従い、十分な時間と資源をかけて、資質を備えたCEOを選任すべきである」という条項が追加されている。

CEOの解任

会社の業績が著しく悪化したり、重大な不祥事が発生するなどCEOの責任を問われる場合には、任期途中であってもCEO（代表取締役社長）が退任すべき状況に至ることがある。あるいは、CEOが進めようとしている経営方針が取締役会の総意に反するものになってしまったという状況もある。これといった事件を起こしたわけではないがCEOが無能・不適任ということもある。

このような場合、任期を待たずにCEOを交代させる必要が生じる。このとき取締役会がCEOに辞任を求めるというやり方もあるが、それはあくまでCEOの自発的な意思に任せるというもので、拒否されてしまってはどうにもならない。

そこでコーポレートガバナンスの観点からは、端的に取締役会でCEO職を解任するのが当然ということになる。つまり「取締役会が指名したのだから、解任できて当たり前」ということだ。ただ、いきなり取締役会でCEOを解任するのは、「内紛」「権力闘争」という悪いイメージがつきまとい、不必要に企業のレピュテーションを低下させる。そのためCEOの解任についても、客観的で透明性のある手続きをあらかじめ定めておき、その手順に即して、タイミングを失することなくCEOを解任するというのが健全な対応だと考えられる。この場合、解任手続きを取締役会が直接行うとするよりは、法定・任意の指名委員会が主導的役割を果たすことにした手続きを作っておくのがよいだろう。

二〇一八年六月に改訂されたコーポレートガバナンス・コードでも、新たに「取締役会は、会社の業績等の適切な評価を踏まえ、CEOがその機能を十分発揮していないと認められる場合に、CEOを解任するための客観性・適時性・透明性ある手続を確立すべきである」とされている。

3 ガバナンスが機能する前提となる情報伝達

東芝事件を題材に考える

どんな優れた社外役員がいたとしても、社外役員に必要な情報、特にリスク情報が届かなければガバナンスの機能を発揮しようがない。東芝の不正会計事件は、このことを端的に示している。

東芝の不正会計事件は二〇一五年に発覚し、多くの部門で不正会計が横行していたことが明らかになり、その後二〇一七年には米国の原子力子会社のウエスチングハウス社関係での巨額損失も判明した。東芝が上場廃止の寸前まで追い込まれた最大級の企業不祥事だ。東芝事件では、コンプライアンスや危機管理の観点からたくさんの論点があるが、ここではコーポレートガバナンスの観点から、不正会計の一つであるパソコン事業での部品の押し込み取引を題材にして、社外役員に対する情報伝達の問題を取り上げる。

東芝は当時、もっとも先進的とされる米国型の委員会設置会社（現在の指名委員会等設置会社）で、社外取締役が過半数を占める監査委員会が監査機能を果たすこととされていた。監査委員会の委員長は東芝の財務・会計の専門家として元ＣＦＯ（Chief Financial Officer：最高財務責任者）のK取締役が務めていた。

東芝のパソコン事業では、「部品の押し込み取引」という不正が行われていたが、K取締役はすでにＣＦＯだった頃から不正の実態を知っていた。ということは、泥棒（不正会計を知る元ＣＦＯ）が警察署長（監査委員長）を兼ねていたことになり、監査委員会はまったく機能できないことになりそうだ。しかし、そうはならない。委員長が誰であれ、監査委員会の委員の過半数は社外取締役なのだから、かれらが動けば不正をただすことができる。まさに、そのために法律は監査委員の過半数が社外取締役でなければならないとしているわけだ。

ところが、実際には社外取締役の監査委員たちは動かなかった。それはなぜか。

東芝事件の第三者委員会（上田廣一委員長）の調査報告書[8]では、この点について、会計処理に疑いをもった社内の監査委員（取締役）の一人であるS監査委員（元法務部長）がK監査委員長に「不適切な会計処理が行われていないかどうか、法律と会計の専門家の意見を求める必要があるのではないか」と繰り返し申し出たにもかかわらず、「今ごろ事を荒立てると決算に間に合わなくなる」として押さえ込まれたと記載されている。

不正を知る元CFOのK監査委員長がその隠ぺいに走るのは、ある意味で当たり前の対応だ。問題は、S監査委員が社外取締役たちに何も申し出ようとしなかった点にある。もし、社外取締役である監査委員たちが不正会計のおそれありと認識すれば、かれらは監査委員長に忖度する必要のない立場にいるのだから、適切な対応をとることができ、不正会計は早期に発見されただろう。そうすれば、東芝事件は実際に起こったのとは違う展開になったかもしれない。しかし実際には、もっとも重要なリスク情報が提供されなかった。これでは社外取締役として期待される行動を取りようがない。

東芝事件は、どんなに先進的な仕組みを作り、大物の社外役員を並べたところで、適切なタイミングで必要な情報（特にリスク情報）が伝達されなければ意味がないということを示している。コーポレートガバナンスの仕組みはあくまで「容れ物」で、情報伝達が適時・適切に行われなければ「張り子の虎」に過ぎない。

社外役員と社内の壁をどう取り除くか

では、情報提供を促進するためには何が必要か、言い方を変えると情報伝達を阻害するものは何なのか。

東芝の第三者委員会の調査報告書には、S監査委員が社外取締役にリスク情報を伝達しなかったことが書かれているだけで、「なぜ、伝えなかったのか」についての分析がなされていない。そこで、筆者なりに想像してみることにする。

社内側の問題

本来、社外取締役に伝えなければならないもっとも重大なリスク情報を伝えようとしなかったということは、結局、東芝の社内の人たちにとって、社外取締役は「飾り」に過ぎなかったというほかない。社外取締役たちは、大所高所のアドバイザーだったのかもしれないが、コーポレートガバナンスの根本となる牽制機能はもっていなかったし、むしろ牽制機能を果たしてもらっては困る存在だったということになる。

東芝に限らず、多くの会社で社外役員は「奉られる」存在になっている。

社外役員は、企業経営者だったり、大学教授だったり、弁護士・公認会計士といった専門家であったりと、社内の人たちから見ると「雲の上の偉い方々」のように見えてしまう。お偉方は忙しくて、日程調整も大変だ。だから社内には「当社のことで多くの時間を取らせては申し訳ない」といった遠慮がある。

このような遠慮は、一見すると社外役員を尊重しているようだが、実はその逆で、社外役員を軽んじ、単なる「飾り」にしようとしているだけだ。

社外役員の役割は、いざというときに社長に「ノー」を突きつけることにある。それがコーポレートガバナンスの本質だ。社内の側も社外役員を依頼する際には、このような牽制機能を期待していることを明言し、それが実行できるかを確認しなければならない。社外役員に就任してもらう際には、「社外役員として有効活用させてもらいます」「そのためには、しっかり時間をとって会社のことを理解してもらいます」「悪い情報も出し惜しみしません」「経営陣の耳に痛いことをどんどん言ってもらいたい」ということを明確に伝えなければならない。いわば、社外役員を「使い倒す」覚悟が会社側には必要だ。そして、このような依頼の趣旨に尻込みするような人は社外役員にすべきではない。

筆者は以前、ある企業から社外取締役就任の打診を受けたことがある。このとき担当者は「國廣弁護士は大変お忙しいでしょうから、社外取締役にご就任いただいても、あまりお時間を取らせないようにします」と述べた。筆者がその申し出を断ったことは言うまでもない。

社外側の問題

先に述べたとおり、社外役員は社内の人たちから見ると「雲の上の偉い方々」だ。気軽に口をきける存在ではない。社外役員が「気軽に情報提供してくださいね」と言ったところで、それを真に受けて実行する人は（役員・幹部クラスでも）そう多くはない。社外役員はこの現実を認識しなければならない。

あくまで想像だが、東芝の社外役員は錚々たる人物が揃っており、そうであるがゆえにかえって社内のS監査委員にとっても敷居が高く、「取りあえず相談してみようか」という柔軟な対応がとれなかったのかもしれない。

この敷居の高さを克服するためには、社外役員側の努力も必要だ。社外役員は、肩書きではなく、一個人として会社とどう向き合うかを考え、自ら行動するという姿勢を示さなければならない。つまり、会社側からの働きかけを「待つ」のではなく、積極的に「会社の中に飛び込む」ということだ。

取締役会や監査役会といった出席義務のある会議に出るだけが社外役員の仕事ではない。社内の取締役、監査役と日常的に意見交換を行うのは当然のこととして、それに止まらず事業部門の現場に近い人たちと積極的に対話の機会をもつことも必要だ。このような機会を通じて、会社の事業内容の実態をよく知ることができると同時に、社外役員の「人となり」を知ってもらうことが可能になり、適時・適切な情報伝達が行われやすくなる。

ところで、筆者自身の経験からしても、取締役会で質問する際、「こんなシロウト的な質問をすると笑われるのではないか」という意識が邪魔をして、率直な質問ができないことがある。しかし、社外の人間にその会社のビジネスの実態が全部分かるはずはない。むしろ、会社の内実を知らないからこそ岡目八目で良い質問ができるとも言える。

したがって、プライドを捨て、開き直ってどんなことでも質問していくという姿勢が大事だ。

社内の側から見ても率直に「知らないことは知らない」と言ってもらったほうが説明しやすいようだ。このようなプロセスを繰り返すことで、社外役員にも必要な情報が入りやすくなる。

筆者自身は「三割打者（三つの質問のうち一つが〝当たり〟であればそれで良しとする）」を目指して、「空気」を読まない質問を試みている。

それでも情報伝達は難しい

情報伝達がコーポレートガバナンスを実質的に機能させるための要だということはこれまで述べていたとおりだが、これを実現するのは簡単ではない。

筆者が第三者委員会の委員長を務めた商工中金事件（第2章3節）もこのことを示している。これは商工中金の全国の多くの支店で「危機対応融資」に関する顧客が提出した資料の改ざんが行われていた事件だが、多くの不正行為をもたらした要因の最大のものは、中小企業向けの「危機対応融資」の実施についての全社をあげての現場に対する強いプレッシャー、ノルマだった。

では、これだけ多数の不正を起こす原因となったノルマ営業の実態があったのに、なぜ経営トップである社長には何の情報提供もなされなかったのか。

商工中金のS社長は、前職が経済産業省の事務次官だったということもあり、奉られることのないように現場の声を直接聞くことが大切と考え、全国の支店を回って対話を繰り返してきた。しかし、危機対応融資のノルマ営業の訴えは一件もなされなかった。この点について「調査報告書」に記載されている第三者委員会によるS社長のインタビューは次のようなものだ。

Q　このような多数の改ざんが発生した要因をどのように考えるか？

A　（中略）危機対応業務のプレッシャーを感じてノルマで苦しいという話は一件も聞かなかった。その声を聴くために支店行脚をしていたのだが…。一件でもあれば、私は各部長に話をして、考えろと指示したはず。

危機対応業務の予算数字は、行政府と立法府の意思として執行しろというものなので、商工中金も政府系金融機関として、行政と立法の考え方をきちっと受け止め、その意思に沿うよう執行することは必要だと思っていた。でも、全部やれ、とか、予算を使い残してはダメということは言ったことはない。本部として支店に対してギューギューやれとしたことはない。

Q　多数の「悲鳴を上げたい職員」からの声が届かなかった理由はどうしてだと思うか？ある若手職員は、「（元いた支店では）改ざんするものだと言われてやったが、他の支店に異動したら、やらなくていいということが分かり、やらなくていいんだと思った」と話している。

A　何で言ってくれなかったのかなあ…

商工中金に限らず、社長などの経営トップの役員と現場との対話を重視し、「車座集会」などを実施している会社も多い。これはこれで大切なことだ。しかし、よほど工夫をしないと「形だけ」の「アリバイ」になってしまうおそれがある。

ある会社では、「社長対話で失礼があってはならない」として参加者を厳選しているそうだ。別の会社では、社長に対話の「実感」をしてもらうために、「経営に対して厳しめに、でも一線を踏み越えない範囲で」という想定問答まで作ったという笑えない話まである。

このように、事務方はどうしても「大過なく」という意識にとらわれがちになる。結局、参加する役員が「いかに本音を引き出すか」を自分自身で考えて実践するしかない。

バッドニュース・ファースト（Bad News First/Fast）

バッドニュース・ファースト（Bad News First/Fast）という言葉がある。

これはリスク情報が迅速に上に伝わらなかったために、不祥事への対応が遅れて危機が深刻化することが多いことから、「いいニュースは後でもよいから、悪いニュースをまず第一に、かつ早く、上に伝えろ」というリスク情報伝達の鉄則を示す重要な標語だ。

そこで多くの企業では、トップがこの「バッドニュース・ファースト」というメッセージを繰り返し発している。しかし、思ったように効果をあげていない例も多い。それはどうしてだろうか。

まず、それが現場には「単なる標語に過ぎない」と受け取られているという状況がある。これが単なる標語に止まることなく実質的に機能するためには、悪いニュースをあげたとき（スピーク・アップしたとき）には誠実に対応してもらえるという事後対応を伴わなければならない。ある会社では、現場でリスク情報（バッドニュース）をあげると、「それを言うなら、自分で解決策を考えろ」と差し戻されてしまう。それでは馬鹿らしくてリスク情報をあげなくなってしまうのは当然だ。

次のような例もある。

A社は海外でプラント建設を請け負っていたが、工事が思うように進捗せず重大な遅延に陥りそうになっていた。このような状況で、社長に現場からアラームが届いた。そこで、社長は、信頼する現場のPM（プロジェクト・マネージャー：工事責任者）に直接「大丈夫か？」と問い合わせた。PMは「大丈夫です。現場は私に任せてください」と自信を見せたので社長は安心した。しかし、実際には工事の遅延は極めて深刻な状況になっていた。PMは責任感の強い人物だったので「できません」と言い出せない心理に陥っていて、「何とかやり遂げたい」という「主観的な希望」が「思い込み」になり、「やり遂げられます」という「事実の報告」に変質していた。その後、事態が正しく伝わったのは、もはや手が付けられない状況に陥ってしまった数カ月後で、A社は重大な賠償問題を背負うことになった。

この事案では、バッドニュースの対象となっている現場のPMに確認を求めるのではなく、社内の第三者的な立場の調査チームを組成して「独立した立場で現場を直接見る」といった対応が必要だった。にもかかわらず、社長は信頼する現場のPMの情報に依拠して判断を誤ってしまった。このA社の事例も、「バッドニュース・ファースト」を言うからには、バッドニュースが入ってきてからの事後対応が重要であることを示している。

コーポレートガバナンスが機能するには企業風土が大切

バッドニュース・ファーストの問題であっても、社外役員の「敷居の高さ」の問題であっても、情報伝達をスムーズに行うためには風通しの良い企業風土が不可欠だ。コーポレートガバナンス（経営陣に対するリスク管理）の局面でも企業風土はとても重要な機能を果たす。

健全で風通しの良い企業風土が醸成されていれば、コンプライアンス問題は発生しにくい。逆に、収益至上主義や権威主義の傾向が強ければ、不祥事につながりやすい。企業風土の問題は、業績が悪化した場合に顕在化して、一気に不正があふれ出すことが多い。しかし、実は業績が悪化する前から企業風土の問題が潜在していて、好調な業績ゆえに覆い隠されていたに過ぎないという例も多い。

企業風土を作るのに決定的な役割を果たすのは経営トップの姿勢（"tone at the top"と呼ばれることがある）だと言われている。したがって、社外取締役と社外監査役には、社長

（CEO）の日々の言動がコンプライアンスを重視しているものか、それが自分の言葉で語られていて実際に現場に浸透しているかに注意を払い、必要に応じて牽制機能を果たしていくことが求められている。

4 コーポレートガバナンスとサステナビリティー（持続可能性）

サステナビリティーは取締役会の重要テーマ

企業は、目先の利益を追い求めるのではなく、中長期的な企業価値の向上を図り、持続的に成長していかなければならない。企業の持続可能性は、サステナビリティー（Sustainability）と呼ばれる。

近時のグローバルなレベルでの社会・環境問題に対する関心の高まりを受けて、ESGやSDGs（後述）といったサステナビリティー課題への対応が、ステークホルダーを念頭に置いたリスク管理の重要部分を占めるようになった。

コーポレートガバナンス・コードも、「取締役会は、サステナビリティー（持続可能性）を巡る課題への対応は重要なリスク管理の一部であると認識し、（中略）近時、こうした課題に対する要請・関心が大きく高まりつつあることを勘案し、これらの課題に積極的・能動的に取り組むよう検討すべきである」とし、サステナビリティーを巡る課題についての対応は、取締役会がガバナンス機能を発揮すべきリスク管理上の重要テーマであることを明示している。

ＥＳＧ投資（機関投資家によるガバナンス）

ＥＳＧとは、環境（Environment）、社会（Social）、ガバナンス（Governance）の頭文字を取ったもので、この三つの観点を取り入れた投資手法は「ＥＳＧ投資」と呼ばれている。

ＥＳＧ投資の流れを作ったのは、二〇〇六年に国連のアナン事務総長（当時）が提唱した「責任投資原則」（ＰＲＩ：Principles for Responsible Investment）というイニシアチブ（テーマを決めて企業や団体が世界的な枠組み作りに自発的に参加する取り組み）だ。

ＰＲＩは、機関投資家の意思決定プロセスにＥＳＧ課題を反映させるための世界共通のガイドラインで、世界で一五〇〇以上のファンドや運用会社などが参加している。世界最大の年金基金の一つである日本のＧＰＩＦ（Government Pension Investment Fund：年金積立金管理運用独立行政法人）も参加している。

近年、しっかりしたガバナンスのもとで環境や社会的課題を意識して事業を行っている企業に対する投資は、リターンが高く、リスクも小さいという認識が一般化してきたが、ＥＳＧ投資はこれに対応する投資手法といえる。

「日本版スチュワードシップ・コード[9]」でも、機関投資家は「投資先企業の（中略）持続的成長に向けてスチュワードシップ責任を適切に果たすため（中略）投資先企業のガバナンス、（中略）、リスク（社会・環境問題に関連するリスクを含む）への対応」を把握すべきとされている。

このように企業は、受託者責任[10]を負う機関投資家によるチェックを通じて、ＥＳＧの観点からの規律を受けることになる。

ＳＤＧｓ（持続可能な開発目標）

ＳＤＧｓとは

ＳＤＧｓ（Sustainable Development Goals：持続可能な開発目標）とは、二〇一五年九月の国連サミットで採択された持続可能な世界を実現するための国際目標だ。一七の目標と一六九のターゲットから構成されている。

ＳＤＧｓの大きな特色は、企業に創造性とイノベーションの発揮を求める点にある。さまざまな社会的課題を解決するための活動を継続していくには、その担い手として企業の参加が欠かせないが、そのためにはイノベーティブなビジネスとして成り立たせる形で問題解決していく仕組みが必要という考え方だ。

【図4-1】SDGsの目標17項目

出典：国連開発計画

政府も官邸に「持続可能な開発目標（SDGs）推進本部[11]」を設置し、経団連もSDGsの達成を柱とした「企業行動憲章[12]」の改定を行っている。ビジネス街でSDGsのバッジをつけた人を多く見かけるようになったのはこのためだ。

SDGsへの企業の取り組み

企業はSDGsへの取り組みを具体的行動として示さなければならない。SDGsバッジをつけて歩くだけでは足りない。

では、実際にどのような行動が求められているのだろうか。

企業は、SDGsの目標である一七項目のすべてに多かれ少なかれ何らか

【図4-2】SDGsバッジ

の関係性を持っているが、総花的な対応が求められているわけではない。大事なことは、「本業」の中で重点的に取り組んでいく目標（優先課題）を設定し、実行に移していくということだ。

具体的なイメージをもってもらうために、筆者が社外監査役を務めているオムロンの取り組みの一部を紹介する。

オムロンでは、事業を通じて優先的に解決すべきいくつかの社会的課題を「サステナビリティ重要課題」として設定した上で、それぞれについて二〇二〇年目標（KPI[13]）を定めて取り組みを推進している。

その一つが、SDGsの目標「3すべての人に健康と福祉を」についてのものだ。

オムロンのヘルスケア部門は、「高血圧由来の脳・心血管疾患の発症増加」という社会的課題について、「健康寿命の延伸や医療費削減など、世界中の人びとの健康で健やかな生活への貢献」を目標として設定する。その目標達成のために、「家庭での血圧測定のさらなる拡大や連続測定の進化による脳・心血管疾患の発症ゼロ（ゼロイベント）」に向けて取り組むこととし、二〇二〇年目標（KPI）として「全世界で血圧計販売台数二五〇〇万台／年」を掲げている。

この例から分かるようにSDGsは、企業が得意とする分野（本業）におけるビジネス自体のイノベーションを原動力にして、社会的課題の解決を図っていこうとする発想に基づく枠組みということができる。

SDGsの推進については、取締役会が主体的にガバナンス機能を果たさなければならない。オムロンでは、サステナビリティ重要課題の進捗状況は、取締役会に直属する「サステナビリティ推進室」がモニタリングし、取締役会に定期的な報告を行っている。

5 ガバナンスを実効化する工夫の実例

ここでは現在（二〇一九年七月時点）、筆者が社外役員（社外取締役、社外監査役）を務めている会社でコーポレートガバナンスを実効化するために行われている「教科書的ではない実務上の工夫例」をいくつか紹介する。

東京海上日動

ガバナンスの形式

東京海上日動火災保険は損害保険会社で、東証第一部上場の東京海上ホールディングス（持株会社）の一〇〇%子会社。監査役会設置会社。

筆者は社外取締役。

取締役は、社内が一四名、社外が二名。監査役は社内が二名、社外が三名（うち女性二名）。

ガバナンスの特色

筆者が東京海上日動の社外取締役になったきっかけは、第3章のコンダクトリスクの項目で説明した付随的保険金不払い問題だ。この問題で当社は行政処分を受けると共に、消費者・顧客からの厳しい批判にさらされていた。そこで二〇〇七年、社長を委員長、外部専門家（大学教授、法律家各二名）を委員とするコンプライアンス委員会で抜本的な風土改革を図ることになった。筆者は外部委員の一人だった。

コンプライアンス委員会で筆者は、「会社が〝支払い漏れ〟というのはおかしい、〝不払い〟だ」などと厳しい意見を述べていた。

二〇〇八年になって、当時の隅修三社長から私にコンプライアンス委員会の委員長になって主導的な役割を果たしてほしい、しかも同時に社外取締役になって社外の意見を取締役会に吹き込んでほしいという要請があった。まったく想定外のことだったが、火中の栗は拾うと決心し、申し出を受けることにした。この際、筆者の側から次の三つの条件を出した。

- コンプライアンス委員会の議題は会社側が決めるのではなく、委員長である私が決定すること。
- コンプライアンス委員会の外部委員には消費者の立場で活動している人（できれば女性）を複数加えること。
- コンプライアンス委員会での議論の内容を私が報告者として取締役会に報告して問題提起を行い、それについて十分に時間をとって議論を行い、社内の取締役や監査役に考えてもらう機会を確保すること。

隅社長はこの条件を快諾し、筆者は社外取締役に就任した。この際、隅社長と合意したことがある。それは、東京海上日動から「コンプライアンス」という言葉を無くすようにお互い努力しましょう、というものだった。これはコンプライアンスを無視するということではない。コンプライアンスというものを「特別なこと」「日常業務とは別の足かせ」と考えるのではなく、コンプライアンスは日常業務を顧客本位で真摯に取り組むという業務品質そのものだという考え方だ。

この考え方に沿って、「コンプライアンス委員会」は「業務品質・コンプライアンス委員会」

↓「業務品質委員会」と名称を変えながら一〇年以上にわたって活動している。

委員会では、だらだらした報告はなく、テーマを決めて徹底した議論を九〇分間行う。ここでの議論は、社内委員が「外部委員のご高説を承る」というものではまったくなく、「異論・反論、何でもあり」の双方向のディスカッションを確保している。委員(社外委員四名+社長+二名の取締役)だけでなく、オブザーバーの監査役、内部監査及び業務品質担当の執行役員、さらには事務局担当者も自由に発言してもらう。

毎回、着地点をあらかじめ決めることのない「出たとこ勝負」で行い、議論が終わったあとになって、「なるほど、そういうことだったのか」というように参加者が新しい気づきを得ることができれば成功だ。

そして、委員会が開催されるごとに、社外取締役の筆者がレポーターとして取締役会に報告を行い、さらにそこで議論を深めている。

業務品質委員会の社外委員は次の四名で、その議題は多岐にわたるが、その一部を紹介すると次のようなものだ。

委員

増田悦子（消費生活相談員、内閣府「消費者委員会」委員）
洞澤美佳（弁護士、日本弁護士連合会「消費者問題対策委員会」委員）
野村修也（中央大学法科大学院教授）
國廣　正（社外取締役）

議題の例

- 増田委員による「消費者問題の現状と損害保険会社に期待すること」という問題提起に基づく議論
- 消費者との双方向のコミュニケーションについて
- コンプライアンス人材の確保・育成について
- 損害保険会社の「顧客本位の業務運営」とはどういうことかを、当社に寄せられた「お客さまの声」を題材に考える
- 野村委員による「FinTechがもたらす保険ビジネスへの影響と展望」という問題提起に基づく議論
- 筆者による「変化する社会におけるコンプライアンス・リスク（コンダクトリスク）について」という問題提起に基づく議論

LINE

ガバナンスの形式

ＬＩＮＥは無料通信アプリ「ＬＩＮＥ」を運営するプラットフォーマーで、二〇一六年七月にニューヨーク証券取引所と東証第一部に上場。監査役会設置会社。

筆者は社外取締役。

取締役は、社内が五名（うち外国人三名）、社外が三名。監査役は社外が三名（うち常勤一名）。

ガバナンスの特色

ＬＩＮＥは若いベンチャー企業であり、スピード感をもって、先例のないビジネスモデルを追求して新しい時代を切り拓いていくことを使命にしている。

未知の領域のリスク＝チャンスにチャレンジを続けていくためには、適切なリスクテイクを後押しするための基盤を提供するという「攻め」と、誤った道に踏み込まないための安全装置という「守り」の二つの意味でのガバナンスが不可欠という認識から、三名の社外取締役が選任された。

取締役会では、毎回多様でユニークな議案が提出されるが、筆者の取締役としての判断基準は「失敗を恐れずに思い切ってチャレンジするのを応援する。しかし、企業倫理・コンプライアンスの観点から疑問がある事業は絶対に認めない」というシンプルなものだ。もちろん、大胆にリスクにチャレンジするには事前のリサーチとリスク分析は不可欠で、ある案件などは取締役会で徹底して議論した結果、「リスク分析と対応策の検討が不十分」として、社外取締役が一致して二度も差し戻したことがある（この案件については、差し戻される都度、執行側が事業計画をブラッシュアップして臨時取締役会の開催を求め、三回目の取締役会でようやく承認された）。

新しいビジネス領域では会計基準が確立されてない事項も多いが、ＬＩＮＥには会計処理に疑問を持たれるような事態は絶対に許されない。そこで、社外取締役として定期的に監査法人とのミーティングを行う際、（会計の専門家ではない筆者には細かい会計の話は分からないので、むしろ会計処理に対するガバナンスを効かせる意味で）ＣＦＯにも同席を求めた上で、監査法人の公認会計士たちに対して、「疑わしい会計処理は絶対に認めないという強い姿勢で臨んでほしい」「おかしな会計処理が行われるとしたら、この人（＝ＣＦＯ）がそれをするのだから、その際には私に言いつけてもらいたい」と明言している（ＣＦＯの名誉のために付言すると、ＬＩＮＥの会計処理は極めて保守的・堅実に行われている。ただ、将来いつ経営状態が苦しくなるかもしれず、人間である以上、誘惑に駆られる可能性がないとはいえないという認識を忘れず、関係者に明確な意思表明をしておくことも、ガバナンスの重要な機能だと思う）。

コーポレートガバナンスの重要な機能の一つに役員の報酬決定の問題がある。

LINEには、社外取締役三名と社内取締役二名（非執行の会長と社長CEO）で構成される「報酬委員会」があり、社外取締役が委員長を務めている。

LINEはグーグル、アマゾン、フェイスブック、アップルなどのグローバルインターネット企業やスタートアップ企業と国境を越えた人材獲得競争を行っている。そのためには従来の日本企業の枠組みを超えた報酬制度が必要という考えから、二〇一九年には報酬委員会が主導して、全社員を対象にした思い切ったストックオプション制度を採用した。

取締役の報酬について見ると、報酬委員会には、報酬の基本方針、報酬総額、評価基準などを定める権限がある。また、中長期的な企業価値の向上・株主との利益共有という観点を重視して、取締役がストックオプションを行使するには、「ストックオプションの付与時点から行使可能時点までに株価が一定水準以上に上昇していること」を条件としている。

報酬委員会は、制度の大枠を決めるだけでなく、一人一人の取締役の報酬の具体的な金額まで決定する。その際、短絡的・短期的な株価の上昇のための過度なリスクテイクを抑止するため、財務指標だけでなく、コンプライアンスや情報セキュリティの観点を含めた多角的な評価を行うことを報酬規則に明記した。万一不祥事が発生した場合には報酬を支給せず、さらにすでに支給した報酬の返還を求めることもできるという「払い戻し条項（クローバック条項）」も報酬規則に加えている。

このようにＬＩＮＥでは、取締役の報酬を社外取締役が過半数を占める報酬委員会がコントロールし、チャレンジへのモチベーションを高めつつ、過度なリスクテイクに対する牽制・規律を図ることにしている。

三菱商事

ガバナンスの形式

三菱商事は、総合商社で東証第一部上場。監査役会設置会社。

筆者は社外監査役。

取締役は、社内が八名、社外が五名（うち女性一名）。監査役は社内が二名、社外が三名（うち女性一名）。

ガバナンスの特色

三菱商事は、天然ガス、金属資源、石油化学、自動車、食品産業、電力、都市開発……といった一〇の事業グループから構成され、多くの事業投資先をもつ巨大な総合商社で、連結対象会社は全世界で数百社に上る。

このような規模の大きい企業で、投資案件などの個別案件を一件一件取締役会で審議するのは現実的ではないので、取締役会付議基準では審議する投資案件の金額基準は高く設定されている。このため取締役会で審議する案件の数は限られるが、これらの案件については社外役員に対する事前説明が十分に時間をとって行われ、審議の充実が図られている。また定量基準だけではなく、新規事業への進出の可否や当社のレピュテーションに関わる案件についても取締役会で取り上げられることになっているし、特に撤退案件や投資先の事業再生案件については、課題を検証して将来に生かすという観点から議題にあげられることになっている。

取締役会は「経営の根幹に関わる大きなテーマについて時間をかけて議論する場」という方向に重点を移してきている。たとえば、中期経営計画の立案段階から複数回にわたって議論を行い、これを受けて執行部が計画をブラッシュアップするといった取り組みや、前記一〇の事業部門のトップ（グループCEO）が業務の現状と課題、将来に向けた施策を説明し、議論するといったことに十分な時間をかける運用がなされている。

他方、大所高所の議論ばかりでは地に足がつかない抽象論になりかねない。一定数の具体的な投資案件を検証し、事業の実際を見て商社ビジネスのリアルを実感しておかなければ社外役員として役割を果たせない。そこで、次のような工夫がなされている。

- 常勤監査役による往査の一環としての事業部長（グループCEO直下の事業責任者。各グループで数名）やコーポレート部門との対話の席に、社外監査役だけでなく社外取締役の任意参加を求め、取締役会の付議基準額に達しないが重要と思われる投資案件などの検証に参加してもらう。社内のリスク情報をもっとも多く把握しているのは常勤監査役なので、常勤監査役と社外役員のコミュニケーションは社外役員に対する貴重な情報提供の機会になっている。

- 「実際に現場を見ること」なしにビジネスの実態を知ることはできない。このため、社外役員には毎年、各自が希望する国内・海外の現場を視察することが推奨されている。筆者はこれまでに、ナイジェリア（製粉工場）、チリ（アンデス山中の銅の採掘現場）、イラン（米国による経済制裁下でのビジネス）、ノルウェー（北極圏のフィヨルドにあるサーモン海面養殖場）、トリニダード・トバゴ（熱帯の化学プラントの建築現場）といったハードシップの高い場所を訪問し、現地社員と意見交換を行っている。
- 社外監査役と事業部門の若手・中堅の社員との食事会も毎年実施している。これは社外監査役がそれぞれ希望する営業部門を指定し、その若手・中堅社員七〜八名と一杯やりながら雑談するという企画だが、前述（本章3節）の商工中金の社長のような目に遭わないように、ワインの力も借りて、できるだけ踏み込んだ話をするように心がけている。このような「実感」をもつことで、たとえば取締役会で人事制度について議論が行われる際に自分の言葉で議論を行うことができる。

三菱商事は組織力が強く、議案はまず事業部内の管理セクションで徹底的に叩かれ、その後コーポレート部門（法務・コンプライアンス、財務、環境CSR、リスク管理など）で検証が行われ、さらに投融資委員会、社長室会（一般企業での常務会に相当）での議論を経て、そこで「生き残った」案件だけが、取締役会に上がってくる。このため、筆者自身、社外役員として「どんな質問をしても跳ね返される」「何を指摘すればよいのか分からない」という悩みがある。ただ、ここでは「社内と同じ目線での質問ではなく、自分の体験や現場で直接聞いた率直な意見をベースにして、独自の質問をするしかない」と割り切って「空気読まない力」を振り絞って質問を繰り返している。

当社では、社外役員だけで構成される独立社外役員会議があり、定期的にテーマを決めて勉強会や議論を行っている。この会議はそこでの議論内容もさることながら、社外役員が相互に個人としてよく知り合う機会を提供する点で有意義だ。これにより社外役員は連携した対応が取りやすくなり、社外役員によるガバナンス機能をより有効に発揮できることになる。

オムロン

ガバナンスの形式

オムロンは、産業向け制御システム、鉄道・道路などの社会インフラ制御システム、電子部品、ヘルスケア製品（家庭用電子血圧計は世界トップシェア）などを展開する電子機器メーカーで、東証第一部上場。監査役会設置会社。

筆者は社外監査役。

取締役は、社内が五名、社外が三名（うち女性一名）。監査役は社内が二名、社外が二名。

ガバナンスの特色

オムロンは、立石一真氏（一九〇〇年～一九九一年）が大阪で創業した。世界初の無接点近接スイッチを開発し、現金自動預払機（ＡＴＭ）や駅の自動改札機など、それまで世の中になかった製品を創り出し、ベンチャー精神を発揮して発展してきた。

創業者の「社会の側から見て、自分に最もよく奉仕してくれる企業でなければ存続させる必要はないから、そんな企業はつぶしてしまってもよい。その代わり、社会に最もよく奉仕する企業には、その好ましい企業を伸ばす〈経費〉として、最も多くの〈利潤〉を与える。そうすることが、とりもなおさず社会自身のためになる」という言葉[14]にあらわれているように、オムロンでは早くから企業の社会的責任（ＣＳＲ）を強く自覚した理念経営[15]が行われてきた[16]。

オムロンでは、創業家出身の立石義雄社長が二〇〇三年に非創業家の作田久男氏に社長を引き継いだ。会長（取締役会議長）になった立石氏と作田社長は、会社の求心力を創業者・創業家から企業理念に移行していく方向に舵を切った。同時に、コーポレートガバナンスの強化を図り、当時まだ珍しかった社外取締役を二名選任した。この流れの中で、二〇〇六年には、産業再生機構のCOO（最高執行責任者）を務めた社外取締役の冨山和彦氏を委員長とする「社長指名諮問委員会」を設置した。

社長指名諮問委員会は「創業家とは縁もゆかりもない人間が社長として全社員を引っ張っていくにはフェアでオープンな選び方、つまり可視化されたプロセスが必要」という考え方で、複数の社長候補者の中から選考を進めた。この際の選考基準は、「オムロン創業以来の理念を背骨として持ち、グローバル展開に不可欠な多様性を受け入れる度量を兼ね備えたリーダー」というものだった。社長指名諮問委員会は、二〇一一年、山田義仁氏（当時四九歳）を社長（CEO）に指名した。

以上の経緯から分かるように、オムロンはコーポレートガバナンスの要となる社長指名諮問委員会を、「法律ができたから」とか、「コーポレートガバナンス・コードで要求されるから」といった受け身ではなく、明確な意思をもって「手作り」で構築してきた。

社長指名諮問委員会は、委員の過半数及び委員長を社外取締役とする枠組みで（社長［CEO］は委員にはならない）、社長の選任に特化した委員会として活動している。社長指名諮問委員会は社長の後任を決めるだけでなく、続投の是非を決める一年ごとのパフォーマンス評価も行う。結果として、社長が長期間務める場合もあるし、一年で代わる可能性もある。もちろん社長本人の意思には関係がない。

取締役会に出席するのは、八名の取締役と四名の監査役だが、そのうち社外取締役が三名、社外監査役が二名である上に、社内取締役のうち二名も業務執行に携わらない会長とガバナンス担当の取締役という構成になっている。業務執行に携わっている取締役は、社長（CEO）、最高技術責任者（CTO：Chief Technology Officer）、最高財務責任者（CFO）の三名だけだ。取締役会は「モニタリング型」の色彩が強く、議題も各事業部門の業務報告（現状、課題、将来に向けた施策など）に加えて、技術戦略、人財戦略、M&A戦略、モノづくりの知能化（IT化）、品質リスク管理、サステナビリティ推進といった大きなテーマを設定して、十分な時間をかけて議論している。

他方、会社の方向性に影響を与える大型のM&Aといった個別案件も、取締役会には交渉段階から数回にわたって経過報告がなされ、社外役員の目による十分な検証を受けることになっている。重要な個別案件にも取締役会の関与が確保されており、取締役会は「マネジメント型」の特色も備えている。

このように、オムロンのコーポレートガバナンス体制は、監査役会設置会社の枠組みに指名委員会等設置会社の優れた面を取り入れたハイブリッド型ということができる。

［注］

1 https://www.jpx.co.jp/news/1020/nlsgeu000000xbfx-att/20180601.pdf

2 「コンプライ・オア・イクスプレイン」というのは、コーポレートガバナンス報告書の記載の仕方についての方針のこと。コーポレートガバナンス・コードには、そこで書かれていることを企業がすべて実行しなければならないという強制力はないが、実行しているときには「コンプライしている」と記載し、実行していない（あるいは、別のやり方をしている）ときには、コンプライしていない理由や、コードとは別の独自のやり方でやっているという説明（explain）をしてくださいというもの。

3 英国のアクトン卿（Lord Acton 1834~1902）の“Power tends to corrupt, and absolute power corrupts absolutely.”という言葉。

4 東京証券取引所は、社外役員として独立性が認められない者として、「上場会社を主要な取引先とする者」「上場会社から役員報酬以外に多額の金銭その他の財産を得ているコンサルタント、会計専門家、法律専門家」……というように詳細に規定している。

5 残念ながら、東京証券取引所の独立性判断基準には「社長のお友達は駄目」といったものはない。

6 社外役員には「空気読まない力」と同時に「オープンマインドの柔軟性」が求められる。社外役員の中には、独立性を振りかざして他の役員の意見に耳を貸さず自説に固執するタイプの人がいるが、このような人物が一人いると自由闊達な議論が阻害され、迅速果断な決定ができなくなってしまう。取締役会でよりよい決定をするためには、役員相互の真剣で十分な議論が必要だが、それを可能にするのは異なる意見を互いに尊重する寛容性、柔軟性、度量であることを忘れてはならない。

7 この「全社的なリスク管理の統合的なフレームワーク」の仕組みは、ＥＲＭ（Enterprise Risk Management-Integrated Framework）と呼ばれる。

8 https://www.toshiba.co.jp/about/ir/jp/news/20150721_1.pdf

9 https://www.fsa.go.jp/news/29/singi/20170529/01.pdf

10 スチュワードシップ（stewardship）は「受託者責任」と訳される。機関投資家は、国民の老後の生活を支える年金などの原資を預かって運用する「受託者」だ。したがって、投資先企業との「目的を持った対話」（エンゲージメント）を通じて、企業価値の向上や持続的成長を促すことにより、「受益者」（資金の出し手＝一人一人の国民）の中長期的な投資リターンの拡大を図る責任を負う。この意味で、「スチュワードシップ・コード」は「機関投資家が受託者責任を果たすための原則（プリンシプル）」ということになる。

11 http://www.kantei.go.jp/jp/singi/sdgs/

12 https://www.keidanren.or.jp/policy/cgcb/charter2017.html

13 ＫＰＩとはKey Performance Indicator の略で、企業目標の達成度を評価するための鍵となる（＝主要な）業績評価指標のことをいう。

14 これは、江戸時代の儒学者で「心学」の祖と言われる石田梅岩『都鄙（とひ）問答』の「実（まこと）の商人は、先も立ち、我も立つことを思うなり」という言葉や近江商人の「三方よし（売り手よし、買い手よし、世間よし）」と同じ趣旨で、現代のＣＳＲの思想をシンプルに表現したものといえる。

15 オムロンの「Our Mission（社憲）」は、「われわれの働きで、われわれの生活を向上し、よりよい社会をつくりましょう」という至ってシンプルなものだ。

16 一九六五年に大分県別府市に日本初の障がい者のための工場（現オムロン太陽株式会社）を開所し、現在では「障がいの有無に関わらずともに働く」というダイバーシティ＆インクルージョンの理念で、オムロンの主力製品である制御機器用の各種スイッチなどを生産している。二〇一九年時点で従業員等一一八名（うち障がい者七七名）。

第5章

危機管理実務の最前線

本章では、危機管理実務の最前線を見ていく。不祥事への対処を誤って危機を深刻化させている事例が後を絶たない。失敗する企業は同じパターンを繰り返しているのに、その経験を学んでいない企業が多いからだ。

そこで、まず実例を題材にして危機管理の「失敗パターン」を分析する。その上で、危機管理がステークホルダーに対するレピュテーション・リスクの管理であることを明確にし、実践的な対応策を示していく。あわせて、大規模不祥事が起きた際の設置がデファクト・スタンダードになった第三者委員会の実務についても説明する。

さらに、SNSでの「炎上」事件に対する危機管理について、実例を題材に詳しく検討する。

1 不祥事の実態から危機管理のあり方を考える

自然災害の危機管理と不祥事の危機管理の違い

危機管理という言葉を聞いたときに、多くの人が想像するのは、地震や台風といった大規模自然災害や、ハイジャックやテロといった重大事件などが発生した際の政府の危機管理センターの対応だろう。

企業の危機管理についても同様で、地震などの大規模災害が発生した際に社員の安全をどう守るか、安否確認をどうするかといった危機管理計画は多くの企業がもっている。サイバーテロなどの外部からの攻撃への対処計画をもつ企業も増えている。

その反面、不祥事が発生した際に、どのように危機管理（有事対応）をしていくのかについて、しっかりした準備をしている企業は少ない。危機管理規定をもつ企業でも、自然災害が発生した際の対応は詳細に定めているが、付け足し程度に不祥事も危機の一つとしてあげているに過ぎないところが多い。

しかし、自然災害であっても不祥事であっても、危機管理の本質は変わらない。それは正確な状況把握、明確な決断、そしてブレることのない断固とした対応という三点だ。

地震などの自然災害への対応は適切に実施できている企業が多い。にもかかわらず、不祥事が発生した際の危機管理には失敗する企業が多い。それはなぜだろうか。

自然災害は「企業の外」からやってくる。危機はみんなに共通で、私の会社だけでなくみんなが被害を受けている。だから一致団結して「頑張ろうニッポン！」となる。

これに対して不祥事は「企業の中」で発生する。自分自身の嫌な問題からはできれば目を背けたいのが人情だ。不祥事が起きることを前提にした対応を事前に準備しておくべきだと大きな声では言いにくい。

こうして不祥事を想定した事前準備はなされず、発生してしまったときには「想定外」になり、情報伝達も適切になされず、指揮命令系統もはっきりしないまま場当たり的な対応に終始して事態を悪化させるというパターンが繰り返される。

不祥事の発生を想定した危機管理体制の必要性

不祥事はどこの企業にも起こりうる。一流といわれる企業でこれだけ多くの不祥事が発生しているこの時代に、不祥事の発生を「想定外」にしておくことはできない。したがって、企業が不祥事の発生を想定した危機管理体制を作っておくことは当然のこととなる。

企業が危機管理体制を整備する際には、自然災害向けの危機管理規定をそのまま流用するといった形式的な対応に止まってはならず、自然災害とは大きく異なる不祥事というものの特質を考慮した「実質的に機能する仕組み」をいかに作るかが重要になる。

そこでまず、危機管理に失敗した多くの企業と同じ轍を踏まないために「企業が陥りがちな失敗のパターン」を明らかにする。

その上で、不祥事が発生した場合のステークホルダーに対する説明責任という観点から、事実調査と根本原因の解明の重要性について説明し、重大な不祥事が発生した場合に設置される第三者委員会の実際について考える。

さらに、危機管理が適切に実行されるためには、コーポレートガバナンスの観点からの規律が重要になってくるので、第三者委員会に対する取締役会や監査役会の関与についても検討を行う。

危機管理の失敗パターン：その1　隠ぺい

二発目轟沈の原則

企業不祥事を深刻化させる最大のファクターは「隠ぺい」だ。

不祥事はどの企業でも起こりうる。だが、それを隠したとなると、現場での不正といったレベルを超えた「意図的」で「組織ぐるみ」の行為とみなされ、企業のレピュテーションは大きく毀損する。企業にとって致命傷となるのは、最初の事件ではない。二番目の行動（隠したこと）だ。これを筆者は「二発目轟沈の原則」と呼んでいる。船（企業）は一発の魚雷で沈むことはなく、二発目でとどめを刺されるということだ。

では、致命的なリスク拡大要素であるにもかかわらず、なぜ、隠ぺいが行われてしまうのか。不都合なことが起こったとき、誰しもそれを隠したくなる。「うまくすれば見つからないかもしれない」「この程度のことはマスコミも取り上げないだろう」「いちいち問題をつっていたら、困る人がたくさん出てくる」と考えるのは自然な感情だ。

しかし、今の時代、不祥事を隠し通すことは不可能だ。終身雇用が崩壊し、内部告発をためらわない社員も増えている。秘密情報もＳＮＳで瞬く間に拡散する。企業内では情報をもつ人間が一人だけということはあり得ない。必ず人の口から口へ（特に悪い情報ほど早く）伝わっていく。企業という組織の中で不祥事を「なかったこと」にするのは、「部屋の中にいるゾウを見るな」というに等しい。

不祥事は重大であればあるほど発覚しやすく、隠し通すことはできない。しかも、巧妙に隠した結果、事件発生から発覚までの時間が長くなればなるほど、発覚した場合の隠ぺい批判はより強いものになる。

報道を一回で終わらせる——連続報道を防ぐ

隠ぺいをマスコミの事件報道という切り口で見てみよう。

事件が起こったが企業がそれを隠しており、それが数カ月後に発覚したとする。この事件がマスコミに報道されるときには、事件そのものに対する批判報道だけでなく、事実を隠していたという隠ぺい批判がプラスされることになる。むしろ、隠ぺいに主眼が置かれた報道になることも多い。また、この場合、企業は公表準備ができていないので、きちんとした広報対応ができない。このため対応の不手際が責められることになる。さらに、事実を隠していたことから、「まだ隠されているものがあるのではないか」という憶測報道を生む。

このように、事件を「隠す」という行為は、事件自体に対する批判のみならず、隠ぺい批判報道、対応の不手際批判報道、憶測報道を誘発する。そして、これらの報道は連続して行われ、毎日のように企業名が新聞紙上を賑わすことになり、企業のレピュテーションは大きく毀損する。つまり、企業価値を大きく損なうのは、連続報道だということになる。

逆に、企業が自分から事件を公表した場合はどうか。この場合でも発生した事件自体を消し去ることはできないため、事件に対する批判報道は避けられない。しかし、企業は自ら事件を公表しているので隠ぺい批判報道はできない。企業自身が準備の上で公表するので、対応の不手際を批判する報道を避けることも可能になる。きちんと事実を調査して公表すれば事実関係を明確に説明できるため、憶測報道も回避できる。つまり、不祥事に対する批判報道から逃れることはできないが、連続報道は避けることができる。つまり、「報道を一回で終わらせる」ことが可能になる。

このように企業は自ら事件を公表することで、事件に対する批判だけに報道の対象を限定して、それ以上の批判報道への拡大を防ぐことができる。その上で、企業が事態を収拾させるための対応策も同時に示すことができれば、不祥事を克服しようとする前向きの姿勢をアピールして、批判を低減させることも可能になる。

広報担当者の中には、いまだに「いかに報道を防ぐか」を使命と考える古いタイプの人がいるが、時代錯誤も甚だしい。

筆者がパネラーとして参加した危機管理広報についてのあるパネルディスカッションで、大手新聞社の社会部長は次のように述べた。

「新聞社としては、事件が発生している以上、たとえ企業が事件を自主的に公表したとしても、これを批判する記事は書きます」

「しかし、企業が自主的に公表した場合、『新しい事実』は出てこないので、続報が書きにくいんですよ。また自主的に公表したことについては、当然、肯定的に評価して書きます」

「逆に、企業側が隠してくれると、いくらでも記事は書ける。『隠ぺいはこうして指示された』『実はこうだった』という記事で何週間も追及キャンペーンを張れることもあります」

「社会部としては、隠してくれたほうがありがたい」

危機管理広報でもっとも大切なことはレピュテーション・リスクをどのように最小化するかということだ。そのためには「報道されないこと」ではなく「報道を一回で終わらせ、連続報道を防ぐこと」を目指さなければならない。

危機管理の失敗パターン：その2　都合の良い情報にすがりつく

東洋ゴムの免震積層ゴムの性能偽装事件（第3章2節）で経営陣は、現場で行われていた偽装を自ら認識した後の危機管理で致命的な誤りを犯している。

東洋ゴムの「社外調査チーム」の調査報告書[1]では、次のような事実が認定されている。

- 子会社の東洋ゴム化工品の社長に本件の問題行為の疑いが報告された二〇一四年二月以降も、東洋ゴムが出荷停止を決定した二〇一五年二月六日までの間、両社は大臣認定の性能評価基準に適合しない免震積層ゴムを二二物件に対して出荷した。
- 二〇一四年九月一六日、東洋ゴムの社長が出席した会議が中断を挟んで午前と午後に開催された。午前の会議で、いったんは出荷停止、対外公表、国土交通省への報告を行う方向で準備し、ただちに国土交通省に本件を報告することが確認された。
- しかし、午後の会議で、性能評価試験の担当技術者から「ある方式で試験を行って一定の補正を行うと、出荷が予定されている製品の性能指標を大臣認定の性能評価基準に適合させることが可能」という説明がなされた。
- この説明を受け、社長らは午前の会議において確認されていた方針を撤回した。この結果、対外公表も国土交通省への報告も行われず、その後も性能評価基準に適合しない免震積層ゴムが出荷され続けることとなった。

午後に行われた担当技術者からの報告は根拠のないものだった。しかし、社長を始め経営陣はそれにすがりついて判断を誤った。

このような誤った対応は東洋ゴムに限ったことではない。担当者は「何とか助かりたい」という気持ちから、無理に無理を重ねて理屈をひねり出す。この理屈は客観的には成り立たないものだが、担当者は「隠ぺいロジックを作っているわけではない。工夫をしているだけだ」と自らに言い聞かせているので、自信ありげな説明が可能になる。そして、経営陣は専門性の衣をまとった議論に引きずられ（実は半信半疑であっても、目先の苦しさから逃れられるので）その理屈にすがりついてしまう。経営陣は専門家ではないからこそ、担当者の説明を鵜呑みせず、ほんとうに成り立つものかどうかを第三者的立場の専門家に検証させなければならない。しかし、実際にはそうならず、安易な道を選んでしまう。

このような目先の対応は、それが明らかにされたときステークホルダーからは「組織的な隠ぺい」と評価される。いくら「意図的に隠したわけではない」と弁解しても受け入れられることはない。「隠ぺい」という言葉からは、資料を破棄したり、メールを削除したり、口裏合わせをするといったことを想像しがちになる。しかし、世間の人、つまりステークホルダーは「経営幹部が不都合な事実を認識していたにもかかわらず開示しなかった」という「不作為」を隠ぺいと評価するという現実を知っておく必要がある。

危機管理の失敗パターン：その3　決断しない

A社の危機管理委員長の対応

一〇年以上前、筆者はある大手メーカー（A社）の危機管理を担当したことがある。事件の経緯は次のようなものだった。

- A社の製品を購入した著名人Xが「A社の製品には欠陥がある」というクレームをつけ、多額の損害賠償を求めてきた。
- Xが著名人だったこともあってA社は丁寧な対応を行い、外部の専門家の鑑定を受けるなどして徹底した検査を行ったが欠陥は認められなかった。
- そこでA社はXに、製品には欠陥が認められず賠償には応じることができないと伝えた。
- これを聞いたXは激怒し、A社との一切の話し合いを拒否した上で、インターネットでA社製品の欠陥キャンペーンを開始した。この事件は一部の週刊誌でも取り上げられるようになった。

この状況に対処するため、A社はB副社長を委員長とする危機管理委員会を設置し、筆者も危機管理担当の弁護士として加わった。

危機管理委員会で事件の経緯や事案の詳細を検討した結果、Xの行為は売名目的の不当要求であることがはっきりしてきた。そこで筆者は、このまま一方的にXの攻撃を受け続けることは重大なレピュテーション・リスクにつながるので、A社の正当性を示すためには断固とした措置を取る必要があると考え、ただちにXを被告にした訴訟（Xの要求には理由がなく、「損害賠償の債務が存在しないこと」を確認する判決を求める訴訟）を提起すると共にA社として記者会見を行って経緯を説明して、マスコミにこの事案の実態を理解してもらうべきだと主張した。

これに対して、B委員長は、「絶対に欠陥がないと言い切れるのか。それを確認しない限り軽率なアクションは起こすべきでない」として、新しく別の外部専門家の鑑定を求めた。この鑑定の間、Xのキャンペーンはさらにエスカレートしていったが、A社側は何の情報発信も行わなかった。このため、外部専門家の「欠陥は認められない」という二通目の鑑定意見が出たときには、すでに週刊誌がこぞってXのペースでこの事件を取り上げるようになっていた。

早くしないと手遅れになる。筆者は「明日にでも訴訟を提起して記者会見を開いてください」と強く主張した（訴状も準備済みだったし、イラストを用いて事案を分かりやすく説明する記者配布資料や会見Q&Aもすでに準備していた）。しかし、B委員長は「マスコミは信用できない。企業を悪く書くだけだ。記者会見を開いてもネガティブに報道される可能性が高い」として動こうとはしなかった。

この事件の本質は何か

本件ではA社のレピュテーションがリスクにさらされており、ステークホルダーに支持されるのはXなのか、A社なのかという点が危機管理の成否を分ける。そのためには、A社としては製品に欠陥はないことをきちんと説明した上でXの要求の不当性を明らかにして、「不当要求には断固として闘う」という姿勢を打ち出すことでステークホルダーの支持を得ることが不可欠だった。

製品欠陥事件ではなく、不当クレーム事件だというところに本件の本質がある。本件のような不当クレームに対抗するにはA社として情報発信が不可欠だ。訴訟提起というのは、A社の揺るがない姿勢を明確にするための象徴としての意味があり、勝ち負けよりも提訴したという事実が重要だ（もちろん勝訴する十分な自信はあるが、一年後の勝訴判決にそれほど大きな意味はない）。

これに対してB委員長は「当社がお客さまを訴えるというのは前例がない。X氏は有名人なので当社が下手に動くとさらに状況が悪化するかもしれない。しばらく様子を見るべきだ」として訴訟提起も記者会見も認めようとしなかった。

筆者は、「クレーマーは攻撃には強いが、防御には弱い。危機的状況を打開するには反転攻勢が不可欠です」とさらに食い下がったが、B委員長は今度は「裁判を起こして、絶対に勝てるのか」と言ってきた。私が「裁判に絶対はありません。それよりもXを被告にして裁判を起こして、事態のこれ以上の悪化を食い止めることが大事なのです」と答えたが、それでもB委員長は動こうとはしなかった。

A社がようやく訴訟を提起して記者会見を行ったのは、一般紙がA社製品の欠陥問題を大々的に報道して株価が大きく値下がりしたあとになってからだった。

この訴訟提起と記者会見でA社製品の欠陥問題はようやく終息した。しかし、そのときまでにA社ブランドには大きな傷がつけられ、株価の回復にも長い時間を要することになった。なお、訴訟ではA社は当然勝訴し、製品には欠陥がなかったことが確認された。

危機管理に求められるのは決断する胆力

危機管理は、常に、不祥事や外部からの攻撃といった大きなハンディキャップを企業が背負わされた状況で行うものだ。どのような対応策にもリスクがあり、完璧な条件が揃うことなど決してない。状況も刻々と変化する。しかも、時間的制約もある。

このような中で、そもそも百点の対応は不可能だ。したがって、危機管理を実施するには、取り得る選択肢の中からベターな選択を行い、七〇点を目指すという決断力がなければならない。そして、正しい決断を行うためには頭脳よりも胆力が求められる。

A社の危機管理委員会のB委員長は秀才の誉れ高い人物で、失敗を許さないタイプだった。このため提示される選択肢が絶対確実な百点満点であることを求め、この結果、対応が遅れてしまった。提示された選択肢を却下し続けるということは、実は何もしないという「不作為を選択」しているということだ。B委員長の対応は、百点の答案しか出さないと言って答案を提出せず、零点がつけられたというに等しい。

このようなタイプの人は危機管理には向かない。B委員長は、危機管理委員会を危機拡大委員会にしてしまったと言わざるを得ない。

2　危機管理における事実調査の重要性

危機管理に不可欠な説明責任

ステークホルダーに対する説明責任の重要性

不祥事を起こした企業は危機的状況に陥る。

危機的状況とは、企業のレピュテーションの低下により、株価の下落、顧客離れ、取引先の信用失墜、従業員のモラールの低下などが連鎖して、企業価値が毀損した状況をいう。

レピュテーションの低下とは、企業を取り巻くステークホルダー（株主・投資家・消費者・取引先・従業員など）の信頼を失った状態に他ならない。

したがって、危機管理の本質、目的は、危機的状況からの脱出、つまり失ったステークホルダーの信頼回復にある。

では、ステークホルダーの信頼回復のために必要なことは何か。

それは、

①不祥事の事実関係を明らかにし、

②不祥事をもたらした原因を解明し、

③その原因を除去するための再発防止策を実行する

ということだ。これは不祥事を企業自身の力で克服するということ、つまり自浄作用を発揮するということで、当然のことといえる。

その上で、企業はこの①〜③のプロセスをステークホルダーにきちんと説明しなければならない。説明なしにステークホルダーの信頼を回復することは不可能だからだ。

企業の「誠意」とは何か

不祥事を起こした企業には、誠意ある対応が求められる。

ところが「このたびは、世間をお騒がせして大変申し訳ございません」と、ひたすら謝ることが誠意であると誤解している企業が多い。役員は繰り返し頭を下げ、時には土下座までする。ところが、いくら頭を下げて謝罪しても批判は収まらず、企業のレピュテーションはさらに低下していく。

不祥事を起こした企業の謝罪はもちろん必要だ。しかし、謝罪だけでステークホルダーの信頼を回復することはできない。ステークホルダーが求めているのは「いつ、何が起きたのか」

「被害は拡がるものなのか」「なぜ、事件が発生したのか。不祥事の原因は何か」「責任の所在はどこにあるのか」「現在、どのような対策を講じているのか」「同種の事件は起きていないのか」といった「ファクト」なのだ。したがって、企業の誠意とは、これらのファクトをステークホルダーに対してきちんと説明することであり、これなしに危機は克服できない。

事実調査の重要性

不祥事を起こした企業がステークホルダーに対する説明責任を果たすにはファクトの説明が不可欠だが、ファクトを把握するためには事実調査が必要になる。

危機管理では、ファクトの把握がとても難しい。危機管理の実務では、最初から不祥事の全貌が分かっていることは、まずない。「隠されていた大きな黒い固まりが次第に明らかになり、危機が拡大していく」というのが偽らざる実感だ。

危機管理は、事態の「全貌が判明してから行う」ものではない。むしろ「全貌を把握できるか」「事態を正当に評価できるか」という事実調査の正確性が危機管理の成否を分けるといってよい。

そこで以下では、

①端緒（企業が何らかのきっかけで不祥事を認識し、危機管理を開始するプロセス）

←②調査（何が起きているのかを調査して事実関係を把握するプロセス）

←③評価（把握された事実がどれほどのリスクを企業に及ぼすかを評価するプロセス）

←④対処（対応策を実施するプロセス）

という危機管理のプロセスに沿って、危機管理の阻害要因とそれを克服するための対処方法について考える。

危機管理の阻害要因とその克服

端緒が得られない：風通しの悪さ

そもそも、現場から「おかしい」という声が上がらなければ危機管理は始められない。ある日、マスコミ報道やネットで自社の不祥事が出ているのを初めて知るというのでは、危機管理はスタート時点から失敗しているといえる。

このような事態に陥るかどうかは、第4章3節の「バッドニュース・ファースト」が、実際に機能しているかどうかにかかっている。

不祥事の芽を早期に把握するために効果を発揮することが期待されるのは内部通報制度だ。しかし、内部通報制度を作りさえすればリスク情報が把握できるわけではない。通報者保護の仕組みがしっかり整備されていることなど、制度自体に対する信頼を確保するための施策が準備され、しかもそのことが周知されていることで初めて内部通報制度は機能する。

リスク情報の端緒が得られるかどうかは、結局、企業風土の問題に帰着する。風通しの良い企業風土がなければ端緒は得られない。そして、風通しの良い企業風土を作るには「魔法の杖」はなく、経営トップが主導する継続的な努力しかない。

事実の把握を深く行おうとしない：「氷山の一角」

ある事業部門で一〇〇万円の横領事件が発覚したとする。この場合、行為者であるXを処分することになるが、実はこの一〇〇万円の横領は氷山の一角かもしれない。Xが横領しているのは一〇〇万円ではなく一億円かもしれない。あるいは、この事業部門では経理がずさんで、Xだけでなく何人もの横領犯がいるかもしれない。

しかしこのような場合、事業部門には「嫌なものはなるべく見たくない」という心理が働きやすい。このため追及が不十分になり、一〇〇万円の横領事件として処分して終わりにしてしまう。そして後になって実は大きな不正を見落としていたことが発覚するが、もはや手遅れという事態に陥ることが多い。

このような事態を避けるためには、事件が起きた事業部門自身に調査をさせるのではなく、内部監査部門といった社内の第三者的な立場にある者に調査を行わせなければならない。また、重大な事案に発展する可能性がある場合には、ためらわずに不正調査の専門家（弁護士など）に調査を委ねることが必要だ。

評価を誤る：「会社の常識」「業界の常識」は「世間の非常識」

調査により把握した事実については、それが企業にとってどの程度のリスクになるのかという評価をすることになる。

この際の評価のモノサシが社内論理や業界の常識だと間違いが生じる。

たとえば、阪急阪神ホテルズのレストランのメニューでバナメイエビを「芝エビ」と表示して提供していた問題（第3章1節）について見ると、バナメイエビを「芝エビ」と呼ぶのは業界では普通のこととして行われていた。業界常識からすると、それはどの業者もやっていることで、しかも味にも大差がないので「たいしたことはない、騒ぐほうがおかしい」という評価になる。しかし、ステークホルダーである消費者からすると許し難い偽装行為と評価される。

付随的保険金不払い問題（第3章2節）についても、保険業界の常識は「請求主義」であり、請求されない限り保険金を支払う必要はないというのが当たり前のことだった。しかし、ステークホルダーである契約者の立場からは「契約者がいちいち細かい保険の内容を覚えているはずがなく、契約の内容を分かっている保険会社が顧客に請求を促そうとしないのは、ずるいではないか」という評価になる。

不祥事とは、企業がステークホルダーの信頼を失う状況をいう。ある事実が不祥事であるかどうかを判断するのはステークホルダーの側であって、企業や業界ではない。したがって、危機管理におけるリスク評価は、会社目線・業界目線ではなく、ステークホルダー目線で行わなければならず、企業は「社内の常識は世間の非常識」ということを念頭に置いて危機管理に臨まなければならない。

対処の方法を誤る：戦力の逐次投入

不祥事が発覚した場合、「おおごとにしたくない」という気持ちになりがちだ。「オオカミ少年」と言われたくないという心理も働く。

このため、思い切った手を打つことをためらい、対策は小出しになり、その結果、手遅れになってしまうという例も多い。「戦力の逐次投入」は、失敗の典型パターンだ。

危機管理は非常事態対応なのだから、経営トップ主導で断固とした姿勢で臨むべきであり、経営資源の出し惜しみは許されない。

まとめ：「ボヤで騒げ！」

以上述べてきたことをまとめると、危機管理を成功させるための対応の基本方針は、次のようになる。

- 初動の段階から、独立した社内の（重要度に応じて社外の）専門家を加えた体制を整えて、スピード感をもって広く深く徹底調査を行う。
- 事態の評価についてはステークホルダー目線を入れるために外部人材を積極的に登用する。
- 全体を通じて、経営資源の出し惜しみをせずに、全力で対応する。

不祥事を火事にたとえると、多くの場合は最初から火事の規模が分かっているわけではなく、ボヤのように見える。ボヤだからたいしたことはない（と思いたい）という意識で戦力を小出しにしていると手遅れになる。だから「ボヤで騒げ！」が危機管理の鉄則になる。ボヤであっても全力で現場に十分な数の消防車を投入しなければならない。もしほんとうにボヤだったら、胸をなで下ろせばいいだけの話で、決して騒いだことを非難してはならない。ボヤでどんなに騒いでも大火事になることはない。

根本原因解明の重要性

根本原因を解明しないと不祥事は繰り返す

不祥事を把握した企業は、実態を明らかにするための調査を行うことになるが、その目的は、根本的な原因（「ルートコーズ：root cause」と呼ばれることがある）を解明し、その根本原因（真因）に即した実効性の高い再発防止策を実行することにある。

仮に、「原因」とされた事象が、不祥事の背景を深く検討しないままの表面的な現象の列挙に止まり、それに着目した再発防止策を講じただけであれば、将来、根本的な原因に根ざした別の不祥事が発生することになる。

たとえば、東洋ゴムでは、同種の性能偽装事件が何度も繰り返されている。

- 二〇〇七年一一月、建築用「断熱パネル」の耐火性能の偽装が明らかになり、当時の社長が辞任した。
- 二〇一五年三月、「免震積層ゴム」の性能偽装事件（第3章2節）が発覚して七月には社長や主だった経営陣が退陣した。
- 二〇一五年一〇月、鉄道車両などで使われる「防振ゴム」での試験データの改ざんが明らかになった。

●二〇一七年二月、船舶向けのバルブに使われる産業用ゴム製品の「シートリング」で必要な検査を行わずに出荷していた不正行為が明らかになった。

東洋ゴムでは、不祥事が発覚するたびに再発防止策を出してきた。しかし、これだけ繰り返し同種の性能偽装が起こり続けるということは、根本原因が解明されておらず、再発防止策が表面的なものに止まっていたからだと言わざるを得ない。

この東洋ゴムの品質偽装事件を始めとして、東芝の不正会計事件など多くの上場企業の大規模不祥事では、企業の不徹底な対応（表面的な原因解明）のため不祥事が再発し、企業価値がさらに大きく毀損するという状況が続いていた。

そこで、このような状況に歯止めをかけようと、日本取引所自主規制法人は、二〇一六年二月、「上場会社における不祥事対応のプリンシプル[2]」（以下、「不祥事対応プリンシプル」という）を公表した。

「不祥事対応プリンシプル」では、「不祥事の根本的な原因の解明」として、

> 不祥事の原因究明に当たっては、必要十分な調査範囲を設定の上、表面的な現象や因果関係の列挙にとどまることなく、その背景等を明らかにしつつ事実認定を確実に行い、根

本的な原因を解明するよう努める。

と根本原因の解明の重要性を強調している。

根本原因に迫った例

企業不祥事で第三者委員会が設置され調査報告書が公表されることが多いが、その原因論を読んでみると、その第三者委員会が真剣に根本原因に迫ろうとしているのかどうか（つまり第三者委員会の実力）がよく分かる。

たとえば、不祥事の「原因」として「コンプライアンス意識が鈍麻していたこと」をあげる報告書が多い。しかし、コンプライアンス意識が鈍麻していれば不祥事は発生するのは当然のことで、これでは原因を明らかにしたことにはならない。明らかにすべきは「なぜ、コンプライアンス意識が鈍かったのか。それは何に起因しているのか」ということだ。そのためには経営トップを始めとする経営陣が、過去どのような姿勢でコンプライアンスに取り組んでおり、その姿勢はどこから来るものだったのか、あるいはそれまでのコンプライアンス施策のどこに問題があったのかといったことを深く追及する調査がなされなければならない。

根本原因の解明という点では、第1章であげた三菱自工（ＭＭＣ）の第三者委員会の調査報告書は不祥事の真因に迫ったものとして注目に値する。

この調査報告書では、なぜコンプライアンス意識に欠けるデータ偽装が行われたのかという根本原因について、

- 従業員はこれまでに講じられてきた数々のコンプライアンス施策を「こなす」ことに時間を奪われ、本来の業務に時間を割けなくなってしまっている。
- 従業員にとって「手垢の付いた」再発防止策を提示したところで士気を下げてしまい、コンプライアンスを軽視する風潮をかえって助長することにもなりかねない。
- 自動車がユーザーにとって特別な魅力を持ち続けるために、自動車メーカーは、ユーザー以上に特別な思い入れを持って、クルマ作りに向き合う必要があったが、その方向性が定まっていなかった。

ということを明らかにしている。

その上で、根本原因に対応した再発防止策を次のように示している。

「MMCにとって、最も大事な再発防止策は、そこで働く人たちの思いが一致することである。そのためには、MMCはなぜ自動車メーカーであったのか、なぜ自動車メーカーであり続けなければならないのか、どのような自動車を開発しこの世に送り出したいのか、そういうことを

とことんまで話し合い、一つの共通する理念を見つけ出し、それに共鳴する者の集団になることである」

根本原因に迫るために必要な体制

危機管理を実効的に行うためには、不祥事の実態を正確に把握することが不可欠なので、事実調査についての体制についても決めておかなければならない。そこで、「不祥事対応プリンシプル」は、

> （根本的な原因の解明のために）必要十分な調査が尽くされるよう、最適な調査体制を構築するとともに、社内体制についても適切な調査環境の整備に努める。その際、独立役員を含め適格な者が率先して自浄作用の発揮に努める。

としている。

調査体制の構築については、社内の役職員のみで調査にあたるケース、中立性や専門性を重視して弁護士や公認会計士などの外部の専門家を調査メンバーに加えるケース、外部専門家だけで組成する「第三者委員会」を設置するケースなどがあるが、事案の性質や重大性に応じて、最適な体制を選択することになる。この際、身内だけで処理しようとして、客観的・中立的な

視点をもつ外部専門家の投入が遅れ、危機管理に失敗する事例が多いことを考えると、企業は外部専門家の投入を躊躇すべきではない。

この点に関して、「不祥事対応プリンシプル」は、

> 内部統制の有効性や経営陣の信頼性に相当の疑義が生じている場合、当該企業の企業価値の毀損度合いが大きい場合、複雑な事案あるいは社会的影響が重大な事案である場合などには、調査の客観性・中立性・専門性を確保するため、第三者委員会の設置が有力な選択肢となる。

として、重大な不祥事の場合には、第三者委員会の設置が「有力な選択肢」としてあげられている。ここでいう「重大な不祥事」というのは、レピュテーションへの影響に着目し、単なる金額規模ではなく、ステークホルダーによる評価として「重大」と考えられるものをいう。

そこで、次に第三者委員会について考えていくことにする。

3　第三者委員会による危機管理の実際

第三者委員会とは

不祥事を起こした企業が危機的状況を脱して企業価値を回復するためには、ステークホルダーの信頼を回復しなければならず、そのためには、

①不祥事の事実関係を明らかにし、
②不祥事をもたらした根本原因を解明し、
③その原因を除去するための再発防止策を実行する

という自浄作用を発揮すること、しかもこの①〜③のプロセスを、

④ステークホルダーにきちんと説明する

ことが不可欠だ。

しかし、大規模な不祥事を起こした企業はそもそも信頼を失っている。したがって、自分自身で事実調査を行って原因を解明するといっても、どうしてもお手盛り調査だという疑いを拭

えない。このため調査結果がステークホルダーに信用されず、危機的状況から脱することができない。そこで第三者委員会の出番となる。

第三者委員会は、企業が設置するものであるが、利害関係のない純粋な外部の弁護士などの専門家だけで構成される調査委員会で、企業から独立した立場で公正かつ客観的に事実調査を行い、不祥事の原因を解明することになる。企業はその調査結果を受け入れることを通じて、自浄作用を発揮してステークホルダーの信頼を回復し、不祥事を克服する。これが第三者委員会による危機管理機能と呼ばれるものだ。

第三者委員会は、法律上の制度ではない。日本企業が経験した多くの企業不祥事とその対応の成功例、失敗例の積み重ねの中で、実務上の知恵で生成された日本独自の危機管理モデルといえる。

第三者委員会の本質的な要素として、次の三つをあげることができる。

(a)事実調査委員会であること

第三者委員会は不祥事の事実関係究明を目的とする「事実調査委員会」だ。この意味で、第三者委員会は厳密には「第三者調査委員会」と称すべきだが、一般に不祥事調査の独立調査委員会が第三者委員会と称されているので、その用語にしたがって議論を進める。

第三者委員会による事実調査は、経営陣の法的責任を追及するための調査とは異なる。第三者委員会による調査の目的は、不祥事をもたらした企業風土や組織上の問題まで明らかにして根本原因を解明して再発防止を図ることにあるが、法律要件にとらわれた事実認定では不祥事の実態を捉えるには狭すぎ、その目的を達成できない[3]。

(b)企業（=経営陣）から独立した主体による調査であること

不祥事の際、経営陣には自らの関与や責任がある場合はもちろん、そうでなくても、できるだけ事態を小さく見せようとする心情が働く。このような経営陣の意向を忖度していては不祥事の実像に迫ることはできず、本質的な解決が困難となる。したがって、経営陣からの独立が不可欠となる。

(c)調査結果の公表（ステークホルダーに対する説明責任）

第三者委員会の目的がステークホルダーの信頼回復にある以上、調査結果の公表は当然のこととなる。

不良第三者委員会（お手盛り第三者委員会）

バブル崩壊とその後の「失われた二〇年」を経て、日本企業は多くの不祥事を起こしてきた。そのような状況で、第三者委員会の設置は不祥事対応のデファクト・スタンダードとなってきた。

経営陣が不祥事に正面から真摯に向き合い、事案の徹底究明に取り組む事例では第三者委員会は十分に機能を発揮する。現に、第三者委員会により不祥事の根本原因まで解明し、再生を果たす事例も多い。他方、形だけ第三者委員会を設置しても事実調査や原因究明がおざなりで、経営責任に対する踏み込みが弱く、かえって状況を悪化させる事例も見られる。いわゆる不良第三者委員会（お手盛り第三者委員会）問題だ。

前述の「不祥事対応プリンシプル」も、「第三者委員会という形式をもって、安易で不十分な調査に、客観性・中立性の装いを持たせるような事態を招かないよう留意する」と述べ、不良第三者委員会を強く批判している。

不良第三者委員会を生み出す大きな原因は、第三者委員会側の意識にある。第三者委員会の委員には弁護士が就任するのが通例だが、委員となる弁護士が従来の伝統的な弁護士業務の概念にとらわれていることが多く、これが不良第三者委員会の原因となる。これはどういうことか。

従来の弁護士業務は、刑事弁護、民事訴訟の代理や顧問業務を中心とするもので、企業を依頼者とする弁護士業務の直接の依頼者は社長となる。弁護士は依頼者である社長の意思にしたがうのは当然で、社長に不利になる事実を把握しても、それを公表することは守秘義務や弁護士倫理に反することになる。このような伝統的な弁護士業務概念に基づく限り、第三者委員会として、経営陣の不正行為を公表できないことになる。

しかし、ここで考えなければならないのは、第三者委員会の真の依頼者は誰かということだ。この問いは、「企業は誰のものか」という本質的問題と不可分だ。

企業は経営陣の私有物ではなく、企業を所有するのは株主だ。さらにいえば、企業は株主だけのものでもない。企業は、多種多様なステークホルダーのための「社会の公器」であり、企業価値とはステークホルダーの利益の総体だ。そして、第三者委員会は不祥事で毀損した企業価値（ステークホルダーの利益）の回復を目的にするものなので、その真の依頼者は社長ではなく、すべてのステークホルダーということになる。

この意味で、第三者委員会業務は伝統的な弁護士業務とはまったく異なる新しい業務であり、資本市場に向けた正しい財務報告を保証する公認会計士業務に類似するものといえる。

第三者委員会という制度が社会の信頼を獲得し、危機管理モデルとして根付くためには、従来型の弁護士モデルからの脱却が必要だ。そのためには、何よりもまず第三者委員会業務の依頼者を明確にすることから始めなければならない。

日弁連ガイドライン

制定された経緯

多くの不祥事で第三者委員会が設置されるようになると、不良第三者委員会（お手盛り第三者委員会）が目立つようになり、マスコミなどで強い批判の対象とされるに至った。このため第三者委員会方式という自浄作用を梃子にした企業価値回復の危機管理手法の存続が危ぶまれる状況になった。

そこで、本来の第三者委員会の姿を明確に示し、不良第三者委員会を駆逐するため、二〇一〇年七月、日本弁護士連合会（日弁連）は、「企業等不祥事における第三者委員会ガイドライン」（以下、「日弁連ガイドライン」という）を制定した[4]。

第三者委員会の実務では、弁護士がその中心的な担い手となるが、この業務は弁護士の独占物ではない。そこで、日弁連ガイドライン制定にあたっては、弁護士会内部で自己完結することのないように、東京証券取引所、金融庁・証券取引等監視委員会、検察庁、報道機関、企業倫理専門家、消費者法専門家などからの意見聴取を行い、多角的に検討を行った。

日弁連ガイドラインの主な条項

日弁連ガイドラインの根幹となる条項には次のようなものがある。

● 第三者委員会の依頼者

第三者委員会の実質的依頼者がすべてのステークホルダーであることを明記し、ステークホルダーに対する説明責任を果たすため調査結果の「公表」が本質的要素であることをはっきりさせるべく、ガイドラインの冒頭は、次のように述べている。

「第三者委員会は、すべてのステークホルダーのために調査を実施し、その結果をステークホルダーに公表することで、最終的には企業等の信頼と持続可能性を回復することを目的とする」（「第1部　基本原則」冒頭）

●経営陣との関係

たとえ経営陣に不利な事実であってもステークホルダーに真相を伝えることが第三者委員会の本質的な任務であることから、ガイドラインは、

「第三者委員会は、調査により判明した事実とその評価を、企業等の現在の経営陣に不利となる場合であっても、調査報告書に記載する」（「第2部　指針」第2.の2.）

と規定している。

●独立性、中立・公正性

第三者委員会は、ステークホルダーのために活動する経営陣から独立した存在でなければならない。同時に、調査結果は社会的な風潮などに流されない中立・公正で客観的なものでなければならない。このことを示すため、ガイドラインは、

「第三者委員会は、依頼の形式にかかわらず、企業等から独立した立場で、企業等のステーク

ホルダーのために、中立・公正で客観的な調査を行う」(「第1部　基本原則」第2.)と定めている。

•評価、原因分析

第三者委員会が事実調査委員会であり、根本原因の解明を任務とすることを示すため、ガイドラインは、

「①第三者委員会は、法的評価のみにとらわれることなく、自主規制機関の規則やガイドライン等も参考にしつつ、ステークホルダーの視点に立った事実評価、原因分析を行う。

②第三者委員会は、不祥事に関する事実の認定、評価と、企業等の内部統制、コンプライアンス、ガバナンス上の問題点、企業風土にかかわる状況の認定、評価を総合的に考慮して、不祥事の原因分析を行う」(「第2部　指針」第1.の1.(3))

と定めている

日弁連ガイドラインの性質

日弁連ガイドラインは強制力のあるルールではない。

しかし、第三者委員会が不祥事の調査を行う場合にこれを無視していいかというとそうではない。なぜなら、危機管理の本質は、「徹底した事実調査」「根本原因の解明」「根本原因を克

服するための再発防止策の実行」「このプロセスのステークホルダーへの説明」という四点にあるが、日弁連ガイドラインはその本質を確認的に明文化したものだからだ。日弁連ガイドラインは、何もないところに新たなルールを創設したものではない。

大きな不祥事を起こした企業は、危機管理の本質に沿った対応をしなければ毀損された企業価値は回復しない。日弁連ガイドラインがあろうがなかろうが、第三者委員会がやるべきことに変わりはない。この意味で、日弁連ガイドラインは、日本取引所自主規制法人の「不祥事対応プリンシプル」とまったく同じことを言っていると考えてよい。

最近は不祥事を起こした企業の調査委員会が、「日弁連ガイドラインに準拠しない」と宣言する事例も出てきている。しかし、「準拠しない」と宣言したからといって危機管理の本質に変わりはなく、事実調査や根本原因の解明がおろそかになっていいわけではない。「準拠しない」と宣言する目的は調査結果の公表を逃れたいという動機によることが多い。しかし、ステークホルダーに調査結果を開示しないで信頼を回復することはできない[5]。

第三者委員会報告書格付け委員会

日弁連ガイドラインを制定した目的は、第三者委員会の社会的信頼を高めることにあった。この結果、日弁連ガイドラインに準拠した優れた第三者委員会の調査報告書が出されるようになった反面、「日弁連のガイドラインに準拠した」といいつつ、実質は第三者性のない不良第三者委員会もなくならなかった。また、「日弁連のガイドラインに準拠しない」と宣言することで、根本原因の究明を行わないことやステークホルダーへの説明責任をおろそかにすることを正当化する事例も見られるようになった。

そこで、このままでは悪貨が良貨を駆逐することになりかねないという危機感から、二〇一四年四月、有志により「第三者委員会報告書格付け委員会」（以下、「格付け委員会」という）が設置された。格付け委員会は、「第三者委員会等の調査報告書を『格付け』して公表することにより、調査に規律をもたらし、第三者委員会及びその報告書に対する社会的信用を高めること」を目的にした任意の組織で、現在の委員は次の9名となっている。

久保利英明（委員長：弁護士）、國廣正（副委員長：弁護士）、齊藤誠（弁護士）、竹内朗（弁護士）、塚原政秀（元共同通信社社会部長）、行方洋一（弁護士）、野村修也（中央大学法科大学院教授）、八田進二（青山学院大学名誉教授）、松永和紀（科学ジャーナリスト）

格付け委員会は、概ね三カ月に一回のペースで社会的影響が大きいと判断される不祥事の報告書（第三者委員会という名称を用いない調査委員会の報告書を含む）の格付けを行っている。評価は、A（非常に優れている）、B（優れている）、C（問題あり）、D（大きな問題あり）の四段階で、さらにF（「論外」であり評価に値しない）という例外的評価も設けている。各委員は実名で評価を行い、その内容をホームページ[6]で公開している。

通常は、一つの報告書について、委員が各自の格付け原案を提出した上で二回の意見交換を行って多角的に検討を加えた上で、最終的には各委員の独立した判断にしたがって格付けを行うという方式をとっている（なお、当該案件に利害関係のある委員は一切のプロセスに関与しない）。

現在までの格付けの結果は、図5－1のとおりになっている（数字は評価の人数を示している）。

格付けに対する批判など

格付け委員会の活動に対して、弁護士が他の弁護士の活動を評価することは不公正であるという批判がある。格付け委員会が第八回の格付け対象とした東洋ゴム工業の「免震積層ゴムの認定不適合」問題の調査報告書を作成した社外調査チームの代表は、次のような公開質問状を格付け委員会に突きつけた[7]。

「弁護士として、企業不祥事の調査案件の受任、不正調査の実施、調査報告書の作成などの弁護士業務を行っている者にとり、他の弁護士が関与、作成などした調査報告書は、いわば利害関係を有するものといえる（他の弁護士が関与などした調査報告書が高い評価を得ることは、自らが関与などした調査報告書の評価に影響を与えかねないからである。）。そのため、このような弁護士が、格付け委員会グループのメンバーとなっていれば、評価の公正性について、疑

【図5-1】過去の格付け結果のまとめ

回	時期	対象組織	事実	格付け評価				
				A	B	C	D	F
21	2019年6月	レオパレス21	施工不備問題に関する調査報告書			2	6	
20	2019年3月	毎月勤労統計調査等に関する特別監察委員会	毎月勤労統計調査を巡る不適切な取扱い					9
19	2019年2月	東京医科大学	入学試験における不適切行為		2	3	4	
18	2018年8月	日本大学	アメフトにおける重大な反則行為			1	7	
17	2018年7月	雪印種苗	種苗法違反	1	8			
16	2018年3月	神戸製鋼所	検査結果の改ざん				3	6
15	2018年1月	日産自動車	不適切な完成検査の実施				6	2
14	2017年7月	富士フイルムホールディングス	海外グループ会社不適正会計		1	7		
13	2017年4月	ディー・エヌ・エー	キュレーション事業	1	4	3		
12	2017年2月	日本オリンピック委員会	東京オリンピック招致活動				6	2
11	2016年11月	東亜建設工業	地盤改良工事の施工不良					9
10	2016年8月	三菱自動車工業	燃費不正問題		5	1		
9	2016年5月	王将フードサービス	コーポレートガバナンス体制			1	3	2
8	2016年2月	東洋ゴム工業	免震積層ゴムの認定不適合		1	4		4
7	2015年11月	東芝	不適切な会計処理			4	1	3
6	2015年8月	ジャパンベストレスキューシステム	連結子会社における不適正会計		5	4		
5	2015年5月	労働者健康福祉機構	虚偽の障害者雇用状況報告書		2	5	2	
4	2015年2月	朝日新聞社	慰安婦報道問題				3	5
3	2014年11月	ノバルティスファーマ	臨床研究における問題行為		6	3		
2	2014年8月	リソー教育	不適切な会計処理			4	3	2
1	2014年5月	みずほ銀行	反社会的勢力との取引			4	4	

出典：第三者委員会報告書格付け委員会

問が生じ得る」

これに対して、格付け委員会は次のように回答した[8]。

「当委員会の評価は、いわゆる『ピア・レビュー（peer review）』と位置づけられる。ピア・レビューとは、専門家による仲間（peer）どうしの情実を排した公正な評価活動を意味する。ピア・レビューを通じて、専門家は不透明なギルド的・互助会的な世界に止まることなく、相互研鑽を重ね、社会に対する貢献度を高めていくことになる。当委員会は、対外公表された調査報告書を対象に、ピア・レビューを行うことにより、調査報告書（日弁連ガイドラインに準拠すると宣言したものに限らない）に規律をもたらし、日本の資本市場、企業社会の健全化に寄与するという目的で活動をしている」

第三者委員会とコーポレートガバナンス

第三者委員会を設置しなければならないレベルの重大な不祥事が発生した場合、誰が第三者委員会の委員を選ぶかという問題がある。

多くの事例では、社長が委員を選任する。しかし、社長は経営のトップであり、不祥事は多かれ少なかれ経営の失敗であることからすると、自分に累が及ぶことを避けようとする心理が働く。このため徹底した調査を行う委員を避けて、立派な肩書きをもつが（経営陣にとって）無難な結論を出すことが期待できる委員を選任する傾向がある。もちろんそうでない事例も多いが、社長が選任権をもつとすると、結局「社長の度量」という属人的要素に第三者委員会の独立性が左右されることになる。

そこで、第三者委員会の委員の選任の客観性と透明性を確保するためにステークホルダーの代表である社外取締役、社外監査役が中心になった委員会（独立委員会）が第三者委員会の委員を選任するという仕組み（不祥事対応の危機管理規定）を作っておくことが望ましい。その際には、次の事項についての定めが必要になる。

- 不祥事が発覚した場合の初動調査を行う部門の明記（内部監査部門や法務部門が行うことが多いだろう）。
- 初動調査の経過・結果を「独立委員会」及び監査役会にタイムリーに報告すべきこと。
- 報告に基づいて「内部調査に委ねるか」「外部専門家を加えた調査委員会を設置するか」「第三者委員会を設置するか」の判断を「独立委員会」が行うこと、及びその判断基準。
- 第三者委員会の委員の選任権が「独立委員会」にあること（その不祥事について利害関係がない限り、社外役員が自ら委員に就任することもあってよいだろう[9]）。

4　SNSの炎上と危機管理

カネカの「パタハラ」炎上事案

二〇一九年六月、化学品大手カネカの男性社員の妻による「夫が育休から復帰二日で関西への転勤命令。あり得ない」という投稿をきっかけに、「パタハラ」ではないかとツイッターで炎上し、カネカは危機的状況に追い込まれた。

パタハラとは、パタニティ・ハラスメントのこと。パタニティ（Paternity）は「父性」を意味するので、パタハラとは男性社員の育児休業制度の利用に対するハラスメントをいう。妊娠中や出産後の女性社員に対するハラスメントの「マタハラ」（マタニティ・ハラスメント）と共に最近定着してきた言葉だ。

ウェブ版「日経ビジネス」によると、妻のツイッターへの投稿には四万を超える「いいね」がつき、一連の投稿が読まれた回数は累計で五〇〇万回を超えたとされている。カネカの株価は下落し、六月三日には年初来安値をつけることになった。

この事件をSNSと危機管理という観点から考えてみよう。

事案の概要

事実関係を整理すると次のようになる。

育休復帰の二日目に転勤命令

カネカの男性社員とその妻は四〇代の共働きで、長女が一月に生まれたため、それぞれ育児休暇を取得した。住宅を購入し、四月に新居に引っ越したばかりだった。夫の育休は三月二五日から四月一九日までだったが、土日をはさんで四月二二日（月曜）に職場復帰したところ、翌日の二三日午前中、上司に呼ばれ、五月一六日付で関西への転勤を命じられた。

妻は、その日に最初の投稿をしている。その内容は、「二人の子供がようやく保育園に入れたのに信じられない」といったつぶやきで、夫の会社名は書かれていない。

会社側との話し合い

夫は会社側に「転勤には応じるが、今のタイミングは難しいので一～二カ月延ばしてほしい」と相談したが、会社側は応じなかった。

この段階で、妻は、労働局に相談したことなどの経過を伝える投稿をしている。

四月二六日のツイッターには、夫の育休取得の際には「会社として男性育休の事例を作りたい」という趣旨の話があったのに、育休明けすぐに単身赴任の命令を出すのは時代に逆行しているのではとつぶやいている。この段階でも夫の勤務先について、「日系の大手メーカーで連結一万人くらいの規模」と書いているだけで、会社名は推測できない。

六月一日の投稿

転勤時期を先に延ばす希望は受け入れられなかったため、夫は退職を決断した。その上で、三〇日残っていた有給休暇の一部を使うこととして退職日を六月中旬・下旬にすることを求めたが、これも受け入れられず、夫は五月三一日付で退社した。

翌日の六月一日、妻は、「#カガクでネガイをカナエル会社」という会社名が分かるタグを加えて、夫が退職したことを伝える投稿をした。

この投稿で大炎上となった。

ツイッター上では、「これ本当なら会社としてヤバイ」「カガクでネガイをカナエル前にシャインのネガイをカナエてやってくれ」「育休取ったら左遷とか当たり前、男のくせに育休とるからだろ、って言ってる輩が割といることに深い闇を感じる。そりゃ少子化にもなる。政治のせいだけじゃない」といった意見が相次いだ。

六月三日

［カネカのウェブサイト］

カネカのウェブサイトの「ワークライフバランス」などのページが削除され、閲覧できなくなった。このタイミングでのページ削除は意図的ではないかと批判が相次いだ。

この点につき、カネカは「全くの誤解。ウェブサイトのリニューアルで当該ページを削除したのであって、今回の件を受けて削除したものではない」と反論している。

［株価］

カネカの株価は、六月三日、年初来安値をつけることになった。

［「日経ビジネス」への取材対応］

ウェブ版「日経ビジネス」（六月三日）によると、カネカＩＲ・広報部は日経ビジネスの取材に対して、以下のように答えている。

Ｑ：男性社員に育児休暇復帰後2日で転勤辞令を出した事実はあるか？

Ａ：ツイッターでの一連の議論は承知しているが、発言の主は当事者の妻であると推定され、かつ当社と断定して発言しているわけではないので、現時点では事実の有無も含めてコメントできない。

Q：事実があった場合は「パタハラ」に当たるのか？
A：仮定の話には答えることができない。
Q：男性が上長から「有給休暇の申請を断られた」という事実はあるか？
A：当事者が当社の社員であるとはっきりするまでコメントできない。

六月六日

カネカは初めて公式見解を公表した。カネカは弁護士を含めた調査委員会を立ち上げて調査してきたとして、「当社の対応に問題は無いことを確認致しました」とした上で、次のような見解を示している。

「(中略) 転勤の内示は、育休に対する見せしめではありません。また、元社員から5月7日に、退職日を5月31日とする退職願が提出され、そのとおり退職されております。当社が退職を強制したり、退職日を指定したという事実は一切ございません」

「当社においては、会社全体の人員とそれぞれの社員のなすべき仕事の観点から転勤制度を運用しています。育児や介護などの家庭の事情を抱えているということでは社員の多くがあてはまりますので、育休をとった社員だけを特別扱いすることはできません。したがって、結果的に転勤の内示が育休明けになることもあり、このこと自体が問題であるとは認識しておりません」

これを受けて他紙も一斉に「パタハラ」投稿によるツイッター炎上事件として、報道を開始した。

妻のインタビュー

ウェブ版「日経ビジネス」（六月三日）に掲載された妻のインタビューは次のようなものだ。

Q：ツイッターでの一連の投稿の意図は？

妻：カネカに対して告発しようというつもりは全くありませんでした。あったのは「母としての不安」です。引っ越したばかりで、子どもが2人いて、私もフルタイムで働いています。（中略）何度か投稿をしているうちに、共感やアドバイスがたくさんの人から届きました。自分たちはもう吹っ切れていたけれども、こうした問題はたくさんの人に知ってもらわないと駄目なのではないか、と思うようになりました。そのためには、会社名が分かった方がいいだろうと。

Q：ここまでツイッターで議論を呼ぶと予想していた？

妻：いいえ、ここまで広がるとは思っていませんでした。（中略）私にはとても読みきれないくらいの返信やダイレクトメッセージが届いていますが、みんな今回の出来事を「自分ごと」に置き換えて発言しています。自分ごとに置き換えやすいから共感を生んだのではないでしょうか。

危機管理上の問題点の検討

カネカの対応には、危機管理上、いくつかの問題があったと考えられる。そこで、これらについて検討する。

社会常識ではなく、法律問題として対応してしまった

法的視点からすると、人事異動の辞令の適法性が重要かもしれない。しかし、社会常識からすると、小さい子供の子育てを希望している父親を育休明けすぐに大阪に転勤させるというの

はあまりに気の毒ではないか、ということが問われている。

確かに法的には、転勤命令自体は違法とはいえないだろう[10]。しかし、世間の人たちは、「転勤命令が違法だ」と叫んでいるわけではない。転勤命令は合法かもしれないけれど「もう少し事情を汲んであげてもいいのでは?」という「会社の配慮」を問題にしている。

これに対するカネカ側のコメントには、会社側視点でのルールをもとにした言い切りや断定が多く見られる。このため、今の時代における社会的な適切さという視点からは、明らかに逆効果になっている。法律論で切り返す会社の対応は、「適法である以上、育休取得者に特別の配慮は不要」と言っていると受け取られてもやむを得ないものだ。

「世間」ではなく、退職した社員が相手だと考えてしまった

この事案を法的問題として扱ってしまったことと軌を一にするが、会社側はカネカというブランドが世間からどう見られているかという視点ではなく、退職した社員とその妻とどう闘うかという視点で対応している。

世間は、育児と勤務の両立に困難をきたしている男性社員とその妻に対してカネカがどう対応するかを注視している。しかし、カネカが重視しているのは世間の視線ではなく、元社員の妻の主張にどう反論するかという点だった。このためカネカ側の反論は、裁判で提出する準備書面のように元社員側の主張の一つ一つをつぶしていこうとする極めて攻撃的なものになって

いる。

社員を公平に扱う必要があるという会社側の主張は一般論としては理解できなくはないが、できる限り社員の個別事情に配慮することは、やろうと思えばできるはずだ。しかし、会社側が公表した文書からは、「できる限り配慮したが、ぎりぎりここまでしかできなかった」という姿勢は感じられない。逆に会社側の見解に記載された「育休をとった社員だけを特別扱いすることはできません」という言い切りは、妻に共感している人たちの神経を逆なでし、自分たちが攻撃されているという印象を与えてしまう。

このため、カネカの意図に反して「カネカ vs. 世間」という対立の図式ができあがってしまった。

「ネットの向こう側」にある「世間」とは

「ネットの向こう側」には匿名性の世界が拡がっている。そこには差別的言動を拡散させる輩やポピュリズムへの迎合者もたくさんいる。フェイクニュースもある。

しかし、ネットの向こう側の大多数は「普通の人びと（世間）」で、会社都合の転勤や育児・介護と仕事の両立に悩んでいる「真っ当な社会人」だ。これらの人たちにとって、この問題は「他人ごと」ではなく「自分ごと」だ。

カネカは有名女優を起用したコマーシャルの「カガクでネガイをカナエル会社」という印象

的なフレーズで、「人にやさしい会社」というイメージを強調してブランド価値（レピュテーション）をあげてきた。このブランド価値を支えているのは不特定多数の人たち（世間）で、かれらの多くがネットの向こう側からカネカの対応を注視していた。しかし、カネカの対応はそのイメージを自ら否定するものだった。

カネカの対応は、「ネットの向こう側」に対する恐怖・敵視の感情に支配された過度に防御的（それゆえに男性社員と妻に対して過度に攻撃的）なもので、世間の共感を得るためにはどう行動するのが適切か、という視点を欠いていた。

「世の中の動き」を考慮しない対応

政府の動きを見ると、厚生労働省は数年前から育児を積極的に行う男性を応援する「イクメンプロジェクト」を推進している。

内閣府も「政府目標である二〇二〇年の男性の育児休業取得率一三％の達成を目指し、男性の育児休業取得促進に取り組む企業等を支援する必要がある[11]」としており、男性の育児休業取得が政府の重要方針とされている。

自民党有志による「男性の育休『義務化』を目指す議員連盟」も、二〇一九年六月一七日、本人からの申請がなくても企業が一定期間の育休を付与する仕組みづくりなどの提言を首相に申し入れている[12]。

このような政治の動きもあって、男性育休の問題は世の中の人たちの大きな関心事になっている。この状況で、育休から復帰した翌日の男性社員に転勤を命じるのは、いかにも時代に逆行しているような印象は避けられない。会社側はこの「世の中の流れ」をリスク要因として十分に認識していなかったように見える。

マスコミ対応の問題

日経ビジネスの取材に対する「事実の有無も含めてコメントできない」といった木で鼻をくくったような回答も、マスコミに喧嘩を売る（というのが言いすぎだとすると、拒絶的な）対応で、会社の男性育休に真剣に取り組もうとする姿勢を誠実に説明しようとする意思が感じられない。このため、（このタイミングでのホームページのワークライフバランスのページ削除と相まって）カネカには説明できる実体がないのではという不信感まで生じさせることになった。

この事案には、パタハラ、SNSによる拡散といったマスコミにとって格好の素材が揃っている。だから、SNSの世界を超えて一般紙にまで報道が拡大する一触即発の状況だった。しかし、カネカのマスコミ対応にはそのようなリスク認識がなかったと言わざるを得ず、重大なレピュテーション・リスクへの十分な備えが欠けていた。

まとめ：危機管理の本質はレピュテーション・リスク対応

危機管理は、企業価値の毀損を防ぐことを目的にしている。そして、企業価値は、ステークホルダーの企業に対する評価（レピュテーション）の集積で創り出されている。したがって、危機管理の本質はレピュテーション・リスク対応にあり、これは取りも直さずステークホルダーの信頼をいかに確保し、回復するかということに尽きるといってよい。

ステークホルダーというと、株主や顧客が頭に浮かぶが、「世間」という最大のステークホルダーを忘れてはならない。

カネカの対応は、法律論に依拠するあまり、投稿者に「自分ごと」として共感している「世間」というステークホルダーを軽視（結果的に敵視）しており、しかも社会の変化に対する敏感なアンテナを欠いていた。カネカには、危機管理対応の本質がレピュテーション・リスク対応であることの認識が欠けていたと言わざるを得ない。

［注］

1 https://www.toyotires.co.jp/system/files/press/pdf/2018/150622.pdf

2 https://www.jpx.co.jp/regulation/listing/principle/nlsgeu00001ienc-att/fusyojiprinciple.pdf

3 不祥事を起こした企業の役員の法的責任を追及する目的で外部弁護士などにより構成される独立委員会（「法的責任判定委員会」という名称の場合が多い）が設置されることがあるが、これはここでいう第三者委員会とは別のものだ。

4 http://www.nichibenren.or.jp/library/ja/opinion/report/data/100715_2.pdf

5　第三者委員会報告書の公表が、米国のディスカバリー（証拠開示）制度の下で秘匿特権の放棄とみなされ、日本企業に不利に働く可能性があることを理由に報告書の公表をしない例がある。しかし、米国での訴訟の可能性は当然の免罪符にはならない。この場合は、ステークホルダーの信頼回復のために十分な説明責任を果たすという要請と、米国での適切な訴訟対応の要請とを比較衡量して判断すべきで、仮に非開示とする場合には、その判断の合理性についても十分な説明を行うことと、代替措置を講じることが必要だ。この点については、蔵元左近弁護士の『国際的不祥事に対応した第三者委員会の運用モデル』（「ビジネス法務」二〇一九年五月号）参照。

6　http://www.rating-tpcr.net/

7　http://www.rating-tpcr.net/wp-content/uploads/93140f57c4c8777ce1240129f55d0cea.pdf

8　http://www.rating-tpcr.net/wp-content/uploads/c1b48954a6620f46701a47db25daa81.pdf

9　ただし、社外役員の監督責任が重要な論点になるような事案では、社外役員自らが委員になるのは控えるべきだろう。

10　なお、有給休暇が残っている社員を有給消化させずに退職させた点は、法的にも問題となりうる。会社側は「退職日を5月31日とする退職願が提出されたこと」を根拠に男性社員が有給消化の権利を放棄したという立場かもしれないが、その放棄が自由意思によるものかが問題になりうる。裁判では、書面にサインさえさせれば適法性が認められるわけではなく、実質が問題にされる。事実関係が明確でないため断定できないが、会社側の適法性の主張にも危うさが感じられるというのが訴訟弁護士としての筆者の印象だ。

11　http://www.gender.go.jp/public/kyodosankaku/2018/201806/201806_02.html

12　なお、この自民党議連の申し入れ自体は「炎上」の後だが、このような申し入れが行われることは以前から報道されていた。このような動きをフォローしていないとすると、危機管理としてお粗末というほかない。

第6章

企業のグローバル展開とリスク管理

多くの日本企業は、その事業をグローバルに展開しているが、新興国のビジネスでは現地公務員に対する賄賂という頭の痛い問題がある。

脇の甘い日本企業は腐敗した外国公務員に食い物にされるが、それに止まらず、米国の海外腐敗行為防止法（ＦＣＰＡ）の「域外適用」による巨額の罰金や日本人社員の刑務所送りという脅威にさらされている。日本の検察当局も新しく採用された「司法取引」を積極的に利用して摘発を強めようとしている。

本章では、このようなリスク状況を踏まえて、外国公務員贈賄問題の有事対応も含むリスク管理の実務について、失敗例と成功例をあげながら検討する。

また、日本企業は、海外に拡がるサプライチェーンで生じる児童労働や強制労働といった人権問題について国際的な人権ＮＧＯからチャレンジを受けるケースが増えている。そこで、グローバルなリスク管理の観点から「企業はＮＧＯとどう付き合っていくか」について考えていく。

1　外国公務員贈賄のリスク管理を考える
――海外展開する日本企業の試金石

三菱日立パワーシステムズ（ＭＨＰＳ）の司法取引から外国公務員贈賄問題を考える

事案の概要と司法取引

二〇一八年七月、タイの火力発電所建設のために現地の公務員に賄賂を支払ったとして、東京地検特捜部は三菱日立パワーシステムズ（ＭＨＰＳ）の元幹部三名を外国公務員贈賄罪（不正競争防止法違反）で起訴した。同時に法人としてのＭＨＰＳは特捜部と「司法取引」を行い、捜査に全面協力したとして起訴を免れた。

司法取引というのは、二〇一八年六月一日から施行されることになった制度で、検察官と弁護人が協議して、被疑者が「他人」（共犯者など）の刑事事件の捜査に協力するのと引き換えに、自分の事件を不起訴や軽い求刑にしてもらう制度だ。「自分」の刑事事件についても取引できる米国の司法取引との対比で、日本版司法取引と呼ばれる。

ＭＨＰＳは三菱重工業と日立製作所の合弁子会社で、発電関連ビジネスの大手だ。ＭＨＰＳはタイで火力発電所建設を受注し、二〇一五年に船で運んできた資材を仮桟橋で陸揚げしようとしたが、物流業者が仮桟橋の設置使用許可を港湾当局から取得していなかったため陸揚げを拒否された。その上で、港湾当局の支局長から「陸揚げしたいのなら二〇〇〇万バーツを払え」と賄賂を要求された。ＭＨＰＳ本社のプロジェクト及び調達部門の幹部（三名）は、資材の陸揚げができないと建設プロジェクトの納期が遅延して違約金が発生することになりかねないとして、要求に応じて賄賂を渡すことを決定し、一一〇〇万バーツ（約三九〇〇万円）を支払った。

この場合、通常であれば賄賂を渡すことを決定した三名の幹部（行為者）と法人（ＭＨＰＳ）が起訴されることになる。有罪になると行為者には五年以下の懲役または五〇〇万円以下の罰金が、法人には三億円以下の罰金が科される。

ところが、関係者の内部通報によってＭＨＰＳは東京地検が動く前に事態を把握した。ＭＨＰＳは内部調査を行い、タイの当局者に対する支払いが日本の「外国公務員贈賄罪」にあたると判断した。そこで、ＭＨＰＳは自主的に東京地検に情報を提供して捜査に全面的に協力した。この結果、始まったばかりの司法取引制度の適用を受けて、法人としてのＭＨＰＳは幹部三名の刑事事件の捜査に協力したことの引き換えに、訴追を免れることになった。これがこの事件の概要だ。

司法取引は会社が「社員を売る」ものなのか

ＭＨＰＳの事件を受けて、「会社が社員を売ることを認めてよいのか」「会社のために罪を犯した社員を切り捨てて会社だけが助かるのはおかしい」といった反応が見られる。

この反応は、一見もっともだ。しかし司法取引は、検察官が、全体的な事情を総合的に考慮して行うことができる制度だ。会社が外国公務員に対する贈賄を放置・黙認していながら、発覚しそうになったときに社員を売るようなケースは、司法取引の対象にはされない。そうでなければ司法取引に対する社会の理解は得られなくなり、司法取引制度自体が成り立たなくなってしまうからだ。このことを検察官は十分に分かっている。

会社が、外国公務員に対する贈賄は決して「会社のため」などではなく、それを行うような社員は厳しく処罰するという姿勢を明確にして十分な体制整備をしていることが司法取引の前提となる。それにもかかわらず外国公務員贈賄を行うような社員は、会社は躊躇なく切り捨てることができるし、会社はそうしなければならない。このような姿勢が明確であれば、そもそも「会社のために罪を犯した社員を切り捨てて会社だけが助かるのはおかしい」といった反応は起こってこないはずだ。

ではなぜ、会社は外国公務員贈賄に手を染める社員にこれほどまでに厳しく当たらなければならないのか。それは、この問題が海外でビジネスを行う会社にとって極めて大きなリスクになっているからに他ならない。

重大リスクとしての外国公務員贈賄問題
——日揮、丸紅のナイジェリア贈賄事件

事案の概要

ナイジェリアのニジェール川河口に位置するボニーアイランドに液化天然ガス施設を建設するプロジェクトで、フランスのテクニップ社、イタリアのスナムプロジェッティー社、米国のKBR社、日本の日揮の四社がジョイントベンチャーを設立、日本の丸紅などをエージェントとして、このプロジェクトの獲得を目指した。

各社はジョイントベンチャーを通じて、タックスヘイブン（租税回避地）のペーパー会社を経由するといった迂回措置を講じながら、ナイジェリアの政府関係者に賄賂を提供し、総工費約六〇億ドルの工事を受注した。

情報を入手した米国司法省（DOJ）と証券取引委員会（SEC）は、米国の海外腐敗行為防止法（FCPA：Foreign Corrupt Practices Act）を適用した捜査着手を宣言し、KBR社、テクニップ社、スナムプロジェッティー社と次々に司法取引を行っていった。追い詰められた日揮は二〇一一年に二億二〇〇〇万ドルの罰金を支払うことに合意、翌二〇一二年、丸紅も五五〇〇万ドルの罰金を支払うことに合意した。

ＦＣＰＡの「域外適用」

なぜ、日揮や丸紅は、米国から遠く離れたナイジェリアでの贈賄行為を米国当局に摘発されたのか。それは、ＦＣＰＡが米国外の行為にも「域外適用」される法律だからだ。

ではどうして米国はお節介にも外国企業の外国での行為まで取り締まるのか。それを知るためには摘発の根拠となるＦＣＰＡが成立した経緯を理解する必要がある。

ＦＣＰＡの起源は一九七六年に起きたロッキード事件に遡る。これは米ロッキード社が、日本の首相であった田中角栄氏に五億円の賄賂を提供し、田中氏が受託収賄罪などの疑いで逮捕、起訴された事件だ。

この事件は米国でも大きく取り上げられ、ロッキード社は厳しく非難されたが、訴追されることはなかった。なぜなら、当時の米国では外国（日本）の公務員に対する贈賄を処罰する法律がなかったからだ。そこで米国議会は翌年にＦＣＰＡを制定し、米国当局は米国企業の海外での贈賄を徹底して取り締まることとなった。

ところが、外国公務員に対する贈賄を処罰する法律をもつ主要国はほかになかったため、他国の企業が海外で贈賄をしても摘発されない一方で、米国企業だけが摘発されるという競争上の不公平が生じた。そこで、米国は外国公務員への贈賄処罰を他国にも広めようとし、一九九七年、ＯＥＣＤ（経済協力開発機構）は「外国公務員贈賄防止条約」を採択した。この条約の締結国（日本を含む）は、それぞれ外国公務員への贈賄を処罰する法整備の義務を負い、日本も一九九八年に「外国公務員贈賄罪」を新設する不正競争防止法の改正を行った。

しかし、日本などは外国公務員贈賄罪の執行に本気で取り組まず、各国当局の姿勢にばらつきが生じ、公正な法執行がなされなかった。

そこで、米国はＦＣＰＡの「域外適用」により、他国の企業も同じルールの下に置くという行動に出ることとなった。

このＦＣＰＡの域外適用は、日本企業などの外国企業を米国企業と同じ扱いにするという「公正競争（フェア・コンペティション）」の考え方によるもので米国の競争政策に基礎をもつ。つまり、米国当局は国際カルテルに対して反トラスト法（独占禁止法）の域外適用を用いて厳しく摘発を行っているが、ＦＣＰＡの域外適用はこれと同じ政策的背景をもつものだ。だからこそ、米国当局は本気で摘発に取り組んでいる。

域外適用の流れは米国に止まらない。英国も贈収賄禁止法（Bribery Act：ＵＫＢＡ）の域外適用を宣言している。英国当局もこれが「競争政策上の問題」であることを明確にしている。

日本企業の重大リスク

外国公務員贈賄問題は、海外進出する日本企業の重大なリスクになっている。特に怖いのが、反トラスト法と同じ意図で域外適用されるＦＣＰＡだ。罰金額が莫大になるだけでなく、関与した社員が現実に米国の刑務所に収監される可能性があるからだ。国際的なカルテルに関与した日本の大手企業の日本人社員で、実刑判決を受けて米国で服役している人が数十人に上っているという現実も知っておく必要がある。そして、同じことがＦＣＰＡで起きる可能性は十分にある。米国の裁判所は、会社員が「会社のためにやったこと」だから執行猶予にするという日本の裁判所とは訳が違う。

では、どういう手法で米当局は米国の外で行われた贈賄を立件していくのか。

まず、司法取引を積極的に活用する。ナイジェリアの贈賄事件のように、米当局は関係者と次々に司法取引を行って証拠を集め、ターゲットを包囲していく。自社に追及の手が及んだときには、もはや外堀はすべて埋められている。

内部告発者に対する報奨金制度も絶大な効果を発揮する。二〇一〇年に成立した米国のドッド・フランク消費者保護法には「内部告発者条項」があり、内部告発をきっかけに立件された案件で制裁金額が一〇〇万ドルを超える場合には一〇～三〇％の報奨金を与えると定めている。このため、内部告発は（善し悪しはともかく）一財産を築けるためのツールになっている。その上、司法省のホームページには内部告発者向けのページが準備され、そこにはメールアドレス（FCPA.Fraud@usdoj.gov）が明記されている。このため、世界中のどこからでもワン・クリックで内部告発をすることができる。

日本の状況

経済産業省

日本政府は、一九九八年に不正競争防止法を改正して外国公務員贈賄罪を新設したが、この条項を使った摘発はほとんど行われなかった。

ＯＥＣＤの「贈賄作業部会」は、贈賄禁止条約の加盟国による法の執行状況の調査を行った。ＯＥＣＤは日本について、二〇一二年に発表した「フェーズ3対日審査報告書」で、「日本における外国公務員贈賄防止法の執行状況には依然として重大な懸念が残る」「日本はいまだに外国での贈賄事案に対して積極的に捜査・調査しているようにはみえない」「二〇一二年までの摘発がわずか二件というのは、日本の経済規模からみて極めて少ない」と強く批判している。

これを受けて、不正競争防止法を所管する経済産業省は「外国公務員贈賄の防止に関する研究会」（筆者も委員の一人）を立ち上げ、二〇一五年七月に従来の「外国公務員贈賄防止指針」を大幅に改訂して公表した[1]。主な改訂点は次のようなものだった。

- リスクベース・アプローチ（第3章2節参照）の必要性を強調した。
- 海外子会社の外国公務員贈賄防止体制の構築、運用について、親会社が果たすべき役割を明記した。
- 賄賂を実際に外国公務員から要求された場合などの「有事対応」の必要性を明記した。

検察庁

検察庁も外国公務員贈賄事案の摘発に積極的な姿勢をみせている。しかし、外国公務員への贈賄は日本国外で行われるので証拠の多くは海外にあり、日本の検察が海外に捜査の手を伸ばすことが困難という事情がある。

そこで、検察が期待を寄せているのが日本版の司法取引ということになる。検察は、企業が内部調査により取得した海外にある証拠の提供を受け、これを利用して立件するというやり方だ。この際、企業と司法取引を行い、企業を不起訴にする。三菱日立パワーシステムズ（ＭＨＰＳ）の事件で用いた手法がまさにこれにあたる。このように、今後は外国公務員贈賄事案が司法取引の主戦場の一つになっていくと思われる。

日弁連、ＡＢＣＪ

日本弁護士連合会（日弁連）は、二〇一六年七月に「海外贈賄防止ガイダンス（手引）[2]」を公表した。これは海外贈賄防止体制の整備や有事対応（危機管理）についての詳細なガイダンスで、多くの企業の実務上の参考になる。

日弁連のガイダンスの策定に関わった弁護士と研究者が中心になって二〇一六年九月に創立したのが、筆者も委員を務める「海外贈賄防止委員会（Anti-Bribery Committee Japan：ＡＢＣＪ）[3]」だ。専門家集団であるＡＢＣＪは、腐敗と闘う「武器」を企業に提供していくことを使命にしている。同時に、腐敗の問題と闘うには、単独の企業による対応では限界があり、複数の企業や公的機関が連携して初めて効果的に取り組みが進められるという「コレクティブ・アクション」の考え方に基づいて、国連の関連組織である「グローバル・コンパクト・ネットワーク・ジャパン（GCNJ）[4]」と協働して、種々の活動を行っている。

OECDフェーズ4対日審査報告書

二〇一九年一月、OECDの「贈賄作業部会」は「フェーズ4」の対日審査を開始した。贈賄作業部会の専門家チーム（オーストラリアとノルウェーの法律実務家十数名が中心）が来日し、政府機関（経産省、法務省、外務省、最高裁、検察庁、警察庁など）、企業（十数社）、各種団体（経団連、日本貿易会、GCNJなど）、研究者、マスコミ、弁護士などからオンサイト・ヒアリングを行った。筆者も海外贈賄問題の実務に携わる弁護士の一人としてヒアリングを受けた（筆者を含めABCJの弁護士三名に声がかかった）。

この結果を踏まえて、二〇一九年六月二七日、OECDの贈賄作業部会は「フェーズ4対日審査報告書」を提出した[5]。ここでは、日本政府のこれまでの対応について「いまだに海外贈賄摘発に向けた十分効果的な対応を行っていない」「日本は一九九九年以来わずか五件を起訴し一二名の個人と二社を処罰したに過ぎない。これは日本の経済規模と日本企業が活動しているハイリスクの地域から見て極めて低い水準である」と強く批判している。一方で、新しく始まった司法取引については海外贈賄の摘発に効果を発揮する可能性があると期待を表明している。ただ、全体としては前述の「フェーズ3対日報告書」とほとんど同じトーンで、日本は国際的にかなり恥ずかしい立場に置かれている。

日本政府は、この報告書で指摘された問題に対処して、外国公務員贈賄問題に対するエンフォースメント（法の執行）を強化することを求められており、二〇二一年六月までにOECDにレポートを提出するという「宿題」を課されている。

外国公務員贈賄防止に特化したコンプライアンス・プログラムの必要性

海外進出をしている日本企業にとって、外国公務員贈賄問題が大きなリスクになっている。このような現実を踏まえると、外国公務員贈賄防止に特化したコンプライアンス・プログラムが不可欠となる。

以下では、コンプライアンス・プログラムを整備、運用する際のいくつかの重要なポイントを示す。

トップコミットメントの重要性

米国や英国の当局は、自国企業が「公正競争」を行える環境を実現することに並大抵でないエネルギーを傾注している。日本企業がグローバルに活躍するためには、この現実（リスク）

ばならない。

を認識し、外国公務員贈賄問題が「公正競争」の問題であることを企業全体に浸透させなければならない。

それを推進するのは、企業のトップの役目になる。いくら社内のコンプライアンス担当者が、この問題についてのリスクを自覚し詳細な知識をもっていても、トップが「嫌なことは耳にしたくない」という意識であれば、担当者は積極的に動けない。リスク管理の根本部分は、トップが自ら責任をもって推進しなければならない。トップが部下に「うまくやっておけ」といった対応では、リスク管理はできない。トップは、「海外贈賄は絶対に許さない」という強い決意を、海外子会社を含むグループ企業全体に明確に示す必要がある。

特に、海外での贈賄問題は、多くの企業にとっては従来の慣習を変えるというエネルギーを要するものであるから、相当な決意と実行力が必要となる。社員は、トップが本気でやろうとしているのか、建前を取り繕おうとしているのか、敏感に感じとる。

したがって、トップは社員の心に響くように、自分の言葉で、本気度を具体的に示すメッセージを伝えることが不可欠になる。トップメッセージとしては、たとえば次のような実例がある。

「たとえ一〇〇億円の商談を失っても、賄賂は渡すな」
「贈賄を拒否して問題が生じれば、その国から撤退してもかまわない」
「贈賄を拒否したことで担当者を危険にさらすようなことは決してしない。会社が組織として担当者を守る」

「過去との断絶」を決断できるのは経営トップのみ

外国公務員贈賄の問題は「これから新たに生じる問題」ではなく、「過去から連続する問題」だ。この場合、「この国の習慣だから仕方がない」「これまで大丈夫だったから、これからも摘発されないだろう」などと言って対応を改めようとしない例も少なくない。

しかし、外国公務員贈賄の摘発に対する各国の厳しい姿勢はさらに強まり、摘発可能性は著しく高まっている。このような状況で、従来と同じ思考パターンをとることは企業のリスク管理の観点から許されない。「過去から連続する問題」を抱える企業には、「過去との断絶」こそが求められている。

この点については、「これまでやってきたことだし、相手のあることだから今さらやめられない」「同業他社の出方を見てからにしよう」「急には変えられない」という声があるが、これを聞くと「既視感」をもたざるを得ない。

日本企業は、過去、「総会屋に対する利益供与の禁止」の問題で「過去との断絶」を求められた経験がある。日本企業は総会屋に金を渡して株主総会を穏便に済ませるというやり方を長年にわたって公然と行ってきた。このような関係を断ち切るために商法改正が行われて利益供与に対しては厳しい刑事罰が科されるようになった。しかし、時代の変化を読み切れず、「急には変われない」という漫然とした対応に止まっていた結果、後日摘発されて重大な危機を招いた企業が多かった。総会屋と縁を切ることができずに経営トップが逮捕されたものとして第一勧銀事件、四大証券事件がある。また、東芝、三菱電機、三菱地所、日立製作所が総会屋に「海の家使用料」として現金を渡していたとして社員が逮捕された「海の家事件」もあった。

外国公務員贈賄の問題でも状況は同じで、企業は時代の変化とグローバルな潮流に対する対応力が試されている。そして、「過去との断絶」を真の意味で断行できるのは経営トップだけだ。この意味で、外国公務員贈賄問題はトップの資質を測る試金石になる。

有事対応の重要性

通常のコンプライアンス事案との違い

外国公務員贈賄への対応を考える場合、通常のコンプライアンス問題の対応とは大きな違いがある。品質偽装であれ、不正会計であれ、過重労働であれ、コンプライアンス問題については企業が自らの行動を規律することで不祥事を予防するのが原則だ。しかし、外国公務員贈賄はそうではない。いくらこちらが払いたくないと思っても、腐敗した外国公務員が弱みにつけこんで金を要求してくる。したがって、外国公務員贈賄のコンプライアンス・プログラムには有事対応（危機管理）体制が不可欠になる。

初動の重要性

有事対応では初動が重要だ。一度賄賂を支払ってしまうと、味をしめた腐敗公務員からさらなる不当要求を受け続けることになる。したがって、初動でもっとも重要なのは「要求に応じない（支払わない）」ということだ。ただし、例外がある。要求を拒絶すると社員の生命、身体、自由が侵害される現実の危険性がある場合だ。この場合は、賄賂を支払うのはやむを得ないが、すぐに支払いを余儀なくされた状況を記録に留め、その支払いが真に避けられないものであったことを後日証明できるようにしておく。

外国公務員が現地事務所の正面玄関をノックして入ってきて「賄賂を支払え」ということはない。許認可の拒絶や支払い拒否・遅延などの不利益をちらつかせながら、賄賂の支払いを示唆するというのが現実の姿だ。また、賄賂の授受をそれと分かる形で行うこともまれであり、たとえば取引の外形を装って形式的に契約書を作った上で、特定の業者にコンサルタント料や外注費などの名目で振り込みをさせるといった形が取られることも多い。

この場合、現場で問題を抱え込まない（現場に問題を抱え込ませない）ということが大切になる。問題を現場で抱え込み、悩んだ末に間違った対応をしてしまい、取り返しがつかない状況に陥るというのが多くの失敗事例のパターンになっている。したがって、初動でもっとも重要なことは、現場で悩むことなく、オートマチックに「賄賂を要求されている」という情報を日本の本社に伝達するということだ。これにより組織的な有事対応に持ち込むことができ、致命的な間違いを防ぐことが可能になる。

ところで、組織的な有事対応が開始できるまで、若干の時間差が生じる。この場合の現場対応としては、「きっぱり断る」のが望ましいが、「言を左右にして支払いを引き延ばし、時間を稼ぐ」という対応もありうる。また、「本社の承認がないと支払いができない仕組みになっている。現場で自由に使えるお金はない」といった木で鼻をくくった対応も効果的だ。

有事対応のポイント

現場からの情報伝達により、有事対応が開始される。

有事対応では、日本本社には危機管理ヘッドクオーター（HQ）、現地には対応責任者（通常は子会社の社長など）を置き、リアルタイムで情報共有ができる体制をただちに作らなければならない。HQには危機管理弁護士、現地対策本部には現地の弁護士を置き、常時、そのアドバイスを受けながら対応することになる。

この際、重要なポイントを示すと次の三点になる。

(a)トップメッセージ

有事対応はトップ主導で行わなければならない。トップメッセージは、平常時においてもコンプライアンス意識を確立するために重要なものだが、危機管理時においてこそ、その成否を分けるものとなる。具体的には、①現地の対策本部に対して、「当社として、絶対に賄賂要求には応じない」というメッセージを直接伝えること、②同時に、不安に駆られている現地の社員に安心感を与えるため、「自分が責任をもって現地社員を守る」と伝えることが重要だ。危機管理を成功させるのは揺るがない軸をもった一致団結した行動であり、これを可能にするものはトップメッセージをおいて他にない。

(b)事実関係の確認、把握

事実関係を迅速に確認し、正確に把握することは、適切な有事対応の前提条件になる。しかし、実際の危機管理においては、情報が錯綜して一貫した行動の妨げになることが多い。このため、情報伝達ルートの一元化と、弁護士などの専門家の配置による事実関係の正確な把握が必須となる。

(c)記録化

有事対応の記録化も不可欠だ。たとえば賄賂要求行為を録音などにより証拠化しておくことは、要求に対する拒否を容易にする(「さらに要求するようであれば、この証拠を当局に提出する」といった対応など)。また、記録化は、贈賄行為の嫌疑を受けた場合、自らが潔白であることの証明を可能にする。

企業グループとしての対応

外国公務員贈賄のリスクにさらされているのは、実際に海外で仕事をしている支店や子会社の社員だ。しかし、日本から遠く離れた海外で迅速・適切な組織的対応を行うことは難しいし、人的資源も十分ではない。したがって、「有事対応のポイント」で述べたとおり、日本の本社による支援が不可欠になる。

以前、筆者はあるメーカーで海外（新興国）に赴任が予定されている社員向けに外国公務員贈賄問題の研修を行ったことがある。研修では、新興国での賄賂要求の実態や不当要求への対処方法など、かなりリアルな実務の話をしたが、研修が終わったあと、受講生の一人が筆者のところにやってきて次のように言った。「私たちは、太平洋戦争の学徒出陣と同じですね」かれらは、十分な戦闘訓練も受けず、補給もないまま南方の戦場に送られた学徒出陣兵に自らを重ねていた。

一方で、筆者が企業の法務担当者や弁護士が参加する外国公務員贈賄防止の研究会に出席したときのこと、某企業の法務部長が「海外で贈賄行為を行った場合に、日本の本社に累が及ばないようにするために、どのような法的テクニックを使って現地と日本本社を分離すればよいかアドバイスが欲しい」と発言したことがある。私は激怒し、「あなたは自分たちの身を安全地帯に置きながら、机上の計算でたくさんの兵士を死に追いやった大本営と同じだ」と怒鳴りつけた。

大きな声を出したのは大人げなかったかもしれない。しかし、外国公務員贈賄の問題は、現場で身の危険にさらされる「社員の人権問題」だ。社員の人権を守ることができない企業は存在する価値がない。

COLUMN

危機管理の成功事例

筆者が数年前に実際に対応した危機管理の成功事例を紹介する。

ある日本企業（A社）の中国現地法人（B社）が、賄賂罪の容疑で当局による立ち入り検査を受けた。これはB社が顧客に配ったサンプル品が賄賂に当たるという嫌疑によるものだった。

ところが、翌日、当局の担当者（X）からB社に電話が入った。Xは「このままではB社には重い処分が下されるだろう」と前置きした上で、「処分を免れるよい方法がある」として、「自分と縁故のある現地企業（Y社）と取引をして二〇〇万元（約三〇〇〇万円）分の物品を購入しろ」と述べた。通常取引を偽装した賄賂の要求だ。

B社の副総経理（日本人）はただちに日本のA社（本社）に報告した。この迅速な対応が危機管理の成否を分けた。

A社ではただちに情報が社長に上げられ、筆者が日本側で危機管理を担当した。

社長はただちにB社の副総経理に自ら直接電話をして、次のように伝えた。「最初の賄賂罪については、隠しだてせずに誠実に対応しなさい。現地の弁護士をつけて徹底して弁護する。しかし、新たな賄賂の要求には絶対に応じてはならない。その結果、仮に中国から撤退することになってもかまわない。これは社長である自分の決断だ。現地の責任は問わない。君たちのことは会社が全力で守る」

この社長の電話は、現地の副総経理に「本社が自分を守ってくれる」という安心感を与え、その後の自信をもった現地対応を可能にした。日本の弁護士（筆者）と現地の中国人弁護士は密接な連携態勢を作り、当局とのやり取りはすべて録音するといった対応をした上で、賄賂の要求をきっぱりと拒否させた（この拒否の電話も、相手の反応も含めてすべて録音した）。

この結果、X側は自分の身の安全が脅かされていると感じたようで、賄賂の要求を撤回した。しかも、最初の賄賂罪の嫌疑についても「注意」に留められた。

もしこの場面でB社の副総経理が即時に日本本社に情報伝達していなかったら、あるいは社長の姿勢が「穏便にうまく対応しろ」というものだったら、副総経理はXの要求を飲んでしまったかもしれない。この場合、B社のみならずA社も一体として底なしの泥沼に落ち込んでしまっただろう。

この事例は、致命的になりかねない危険な状況に置かれた企業でも、迅速な情報伝達とトップの毅然とした対応があれば危機から脱することができることを示している。
このような成功事例は表に出ることは少ない。しかし、不当要求をきっぱりと拒絶して危機管理に成功した事例は、実は相当数ある。「不当要求は断れない」というのは、思い込みに過ぎないことが多い。

COLUMN

腐敗公務員は反社会的勢力と同じ

新興国に進出した外国企業を脅して賄賂を要求する腐敗した政府関係者はEconomic Gangsters（経済やくざ）と称される。賄賂を要求された場合の日本企業側の対応については、「経済やくざ側の視点」から考えてみることが有益だ。

かれらはある意味で「経済合理的」な行動をとる。つまり、リスクとリターンを秤にかけて行動する。かれらから見ると、対抗手段をとってくる企業は（かれらにとって）リスクのある存在だ。そんな危ない企業にアプローチしなくても、何ら抵抗することなく金を支払ってくれるリスク・フリーの企業はいくらでもある。そうだとすると、敢えてリスキーな企業にチャレンジするのはかれらにとって合理的な行動とはいえない。

この結果、経済やくざは毅然とした対応をとる企業には寄りつかなくなる一方で、脇の甘い企業は際限なく金を吸い上げられることになる。

このような腐敗役人の行動特性は、日本国内で企業をターゲットにする反社会的勢力とまったく同じだ。企業を脅す反社会的勢力（経済やくざ）の生きていく糧となるのは「警察に通報すれば仕返しされるのではないか」という企業側の「幻想」だ。しかし、被害を通報した企業に仕返しなどすれば、より重い刑罰が待っているだけだ。このような「現実」をもっともよく認識しているのは反社会的勢力自身だ。これは新興国のEconomic Gangstersも何ら異なるところはない。したがって、「要求されたら当局への通報などあらゆる手段をとって徹底的に闘う」という毅然とした対応が、もっとも効果的な予防策になる。

海外展開する日本企業の陥りがちな問題点を指摘したJTC報告書

日本交通技術（JTC）の外国公務員贈賄事件は、日本企業が陥りがちな「リスク管理不在のままでの海外進出」の問題性を典型的に示すものだ。

この事件は、JTCが、ベトナム、インドネシア、ウズベキスタンの鉄道建設に関するコンサルタント業務の受注に関し、各国の公務員に多額の賄賂（三カ国合計で日本円換算約一億七〇〇〇万円）を支払っていたというもので、二〇一五年二月、東京地方裁判所で外国公務員贈賄罪（不正競争防止法違反）により有罪判決（会社は罰金九〇〇〇万円、三名の行為者は懲役三年、二年六カ月、二年でいずれも執行猶予付き）が言い渡された。

筆者は第三者委員会の委員長としてこの事件の調査を行い、二〇一四年四月二五日に「調査報告書」を公表した。

少子高齢化により日本の国内市場は先細りと言われて久しい。このような状況で、多くの日本企業は海外、特に新興国への進出で活路を見出そうとしている。しかし、新興国の腐敗の状況を踏まえた十分なリスク管理体制を整えないまま「前のめり」で海外に進出している企業も相当数あると思われる。それらの企業に警鐘を鳴らすのがＪＴＣの事件だ。

第三者委員会の「調査報告書」は、この点について次のように述べている。

リスク管理不在のままでの海外進出

ベトナム案件に典型的に見られるように、ＪＴＣは技術プロポーザルを提出して落札する前の段階で既に多額の先行投資を行っており、落札後、契約までの間にリベートを要求されても「引くに引けない」心理状況となっていた。

海外事業では先行投資が必要となることも多い。そのような場合、次の段階に進むためには、要所要所で、先行投資を失うリスクと今後発生が予測されるリスクを比較衡量しつつ、メリット・デメリットを総合的に検討して「進むか、退くか」の決断をするのが本来の経営である。しかし、ＪＴＣにそのようなプロセスは存在しなかった。それゆえに、「引くに引けない」心理を相手方に見透かされ、巨額の要求を受けるに至った。

さらに、プロジェクト開始後に相手方の一方的な理由による支払遅延という状況に至っても、その後の仕事をストップするなど正当な権利行使を全く行わないまま、ずるずると人員を投入して経費を嵩ませ、「引くに引けない」状況をますます悪化させていった。

案件の継続が会社のリスクを増大させるだけで、撤退して「損切り」することに経済合理性があるという状況でも、現場担当者が自らの冷静な判断でそのような方針を取ることは難しい。損失拡大にストップをかけ、致命傷を負わない対応を可能にできるのは現場ではなく、現場を客観視できる経営陣による決断のみである。

しかし、JTCでは、海外案件は現場に「丸投げ」されていた。国内の役員は現場に対して手をさしのべることはなかった。

自らの置かれた状況を客観的に見ることのできない担当者の頭の中には「不当な要求を断る」という選択肢は全く浮かんでこなかった。日本からベトナムまで機内持ち込み手荷物で札束を運ぶというおよそ常識では考えられない危険な方法をとる際にも、そのリスクと相手方の要求を断るリスクを比較検討することもなかった。

JTCは、「優れた技術力があれば正当に評価され、仕事につながる」という日本企業特有のナイーブな心情から脱することのないまま、「隙があれば食い物にされる」という厳しい現実が支配する新興国ビジネスに無防備に突き進んだ。

ＪＴＣにとって海外大型案件受注は、企業規模からみても、リスク管理体制の水準からみても「身の丈」をはるかに超えるものだった。この「無理」を相手に見透かされ、止まることを知らない要求を招いたのである。

「企業が成長するには、成熟した日本の市場にとどまらず新興国市場に進出することが必要」という現実があるとしても、十分なリスク管理体制を整備しないまま「バスに乗り遅れるな」とばかり無防備に進出することの危険性に対する認識が、ＪＴＣには決定的に欠けていた。

2　企業はグローバルＮＧＯ[6]とどう付き合うか

グローバルビジネスと日本企業の発想ギャップ

ナイキ事件を例に考える

ナイキの問題が起こったのは一九九七年のことだ。インドネシア、ベトナムにある委託先の工場でナイキブランドのスポーツウェアを作らせていたところ、工場での労働条件が国際労働機関（ILO）の基準を満たしておらず、劣悪な環境で、低賃金労働、児童労働、強制労働が行われていた。それがNGOの指摘によって明らかにされ、アメリカの大学で学生を中心に大規模なボイコット、不買運動に発展した。

スウェットを作っているので、こういった工場をスウェットショップ（Sweatshop）、訳すと「搾取工場」と呼び、「ナイキの製品はスウェットショップで作られている、一〇ドルのTシャツは蓋を開けてみれば搾取労働で作られている」ということが大きな問題になって、ナイキはこれを放置できなくなった。

当時、ナイキでは、直接の契約先のさらに上流にあるサプライチェーンの現場監査までしていなかったため、搾取労働が放置されていたという状況があった。その後もさまざまな調査が進められた結果、この問題はナイキだけでなく他のメーカーでも同じ状況だということが分かり、有名ブランドメーカーに対する批判が拡大していった。

ナイキの問題は、格好いいブランド品の背後には一見して分からない搾取構造があるということを消費者に気付かせた。この問題をきっかけに、サプライチェーンの問題が先進国の消費者の間で注目されるようになった。

二〇〇四年のアテネオリンピックの際も、多くのNGOはスポーツメーカーを対象としたキャンペーンを展開した。対象とされたうちの一社が日本メーカーのアシックスで、委託先の工場の労働者に人権侵害があると指摘された。このときの経験から、アシックスは徹底した監査を行うなど経営主導でサプライチェーン対応を実行し、現在ではこの分野の先進企業の一つになっている。

オリンピック・パラリンピックのような大きなイベントがあると、人権侵害を助長している企業がこんなに儲けているとNGOがキャンペーンを行い、メディアも取り上げ、世の中の注目を集めることになる。二〇二〇年の東京オリンピック・パラリンピックでも、多くの日本企業がNGOのターゲットにされる可能性がある。

NGOの実力と信頼性

日本でNGOというと、どちらかといえば極端な行動に走る団体という印象があって、NGOとの接触を避けようとする企業が多い。しかし、結論からいうとグローバルなNGOは非常に信頼度が高い団体だということができる。

たとえば、WWF（世界自然保護基金）、アムネスティ・インターナショナル、オックスファム、グリーンピースといった団体が世界的には有名だが、このような団体は、何百万人という会員数に支えられ、何十億円あるいは何百億円の予算規模を持ち、数十人規模の専属の弁護士を擁している。NGOの活動は市民社会に根付いていて、NGOの発言に一般社会は敏感に反応する素地がある。

米国のエデルマン社は、世界二七カ国を対象に、政府、メディア、企業、NGOに対する信頼度調査を行っている[7]。二〇一九年の調査結果（対象者三万三〇〇〇人）は、世界全体で次のようになっている（％は信頼できると回答した人の割合）。

1）　ＮＧＯ／ＮＰＯ56％
2）　企業56％
3）　メディア47％
4）　政府47％

これに対して、日本の結果は次のようなもので、ＮＧＯに対する捉え方が海外と日本では大きく異なっていることが分かるが、グローバルに活動しようとする企業は、世界基準を念頭に置いて行動しなければならない。

1）　企業44％
2）　政府39％
3）　ＮＧＯ／ＮＰＯ38％
4）　メディア35％

リスクを拡大する日本企業の不合理な行動パターン（ガラパゴス的思考）

「ＮＧＯと対話する法的義務はない」という法令順守的対応

日本企業が陥りがちな誤った対応として「ＮＧＯと対話する法的義務はない」として対話の

窓口を閉ざしてしまうというものがある。

この点に関して、筆者自身も一つの経験がある。数年前、ある中国の人権・環境NGOとディスカッションをした。かれらが取り上げたのは、中国の現地工場が川に廃液を垂れ流している問題だ。先進国の大企業が直接に垂れ流しているわけではなく、孫請けのさらに孫請けに当たるような工場が有害物質を垂れ流している。ところが、かれらNGOは、その一番上位の発注元の先進国の企業を探し出し、これらの企業をマッピングした「汚染地図」を作ってインターネットで公開する。「汚染地図」上に「この汚染場所の一番大元にいる先進国企業はこれだ」と企業名（ロゴ）を示し、英語で全世界に発信をしていく。このケースでは、いくつかの欧米企業と日本企業があげられていた。

その上でNGOは、各先進国企業に手紙を出して対応策を取るかどうかを質問しつつ改善に向けた対話（エンゲージメント）を求める。企業側が対話に応じて対応策を示すとこれを公表し、対応が進展すると企業名自体を「汚染地図」のリストから削除していく。逆に対応をしない企業については、さらに攻撃を強めていく。

このような状況に置かれた場合、欧米企業は積極的に対話に応じてリストから削除されていく例が多いが、日本企業はそもそも対話を拒否する場合が多い。日本企業の多くが陥りやすいのは、「当社が垂れ流しているわけではない。当社の孫請けのさらに先の工場の面倒までは見きれない。そもそも当社と契約関係がない以上、これらの工場にあれこれ指示できない」という考えで、対話のドアを閉ざしてしまうという対応だ。

そうすると、リストから消されないどころか、対応の悪さを公表され、ますます国際的に悪評が高まってしまう。今の時代、インターネットを通じて企業のレピュテーション・リスクは世界中に際限なく拡がる。国際的なレピュテーションが大きく毀損されているにもかかわらず、それを知らないのは日本にいる英語を読まない経営幹部だけということになってしまう。

「私たちが小さな問題を持ち込んだとき、かれらは聞こうともしなかった。それで私たちは大きな問題を作り出さなければならなかった」というNGO活動家[8]の言葉を日本企業は知っておく必要がある。

「百点対応」の問題点

日本企業の陥りやすい行動パターンとして、「途中経過の説明をしない。百点になるまで答えようとしない」というものがある。

日本企業にとってNGOは恐ろしい存在なので、「下手に対話をすると、不十分な点を責められるのではないか」ということで対話をせず、殻にこもってしまう。

これに対して欧米企業は、「我々としてこのあたりのレベルが改善目標だが、ここまでしかやれていない。したがって、このレベルに向けて今後このように努力をする」といった姿勢をアピールしながら対話を恐れずにやっていく。ここに日本と世界の違いがある。

たとえば、日本企業が六〇点まで対応できていて欧米企業は五〇点しかできていない状況でも、日本企業は沈黙し、欧米企業は「五五点になりました、努力しました」と言う。そうすると、日本企業は実はかなりやっているのに、対話の窓口を閉ざしているため何もやっていないと評価されて零点がつけられてしまい、レピュテーションが低下する。

ＮＧＯが求めているのは、満点の答案ではない。対話とそれに基づく改善行動、つまり「対話をしながら考え、行動していく姿勢」と「ＰＤＣＡ[9]での対応」というダイナミックなプロセスなのだ。

日本企業のガラパゴス的思考

日本企業がダイナミックな対応ができない理由としては、日本では規制に関する法律が明確に定まっていることがあげられる。基準がクリアなので、それを絶対に守らなければならず、守っていれば十分だというスタンスになる。そして、これと同じマインドで新興国でも対応しようとする。

しかし、新興国の場合は、仮に法律があったとしても、それがまったく執行されていなかったり、そもそも基準自体が不十分なことも多い。それでもつい日本企業は、お上の言うことにしたがおうとするが、多くの場合そもそも行政自体が腐敗していて信頼されていない。したがって、いくら「行政の言うとおりにやっていますよ」と説明しても、人権や環境についての国際的な基準からみるとピント外れということになる。

そのために、国際的なNGOからは現地法で定められた基準以上の要求がなされて、企業がこの求めに応じて対話することが必要になってくる。先進的なグローバル企業では、これをごく自然に行っている。欧米企業では、NGOと一緒になって基準の作り込みを始める。規制はこのレベルまでやりましょうと、話し合いで決めていくことが多い。

このような現実の中で、政府が決めたことが絶対的だという考えが世界的に見ると特殊なガラパゴス的発想だということを自覚する必要がある。

現代奴隷に対する各国の対応——NGOによる監視を制度に組み込む

現代奴隷とはどういうものか

現代奴隷（Modern Slavery）とは、人びとが奴隷状態または隷属状態を強要される拘束労働、児童労働、強制労働、人身取引などを意味する。国際労働機関（ILO）は、二〇一二年の調査で現代奴隷が世界で約二一〇〇万人に上り、現代奴隷によって生み出される違法利益は毎年推計一五〇〇億ドルに達するとしている。

二〇一四年の英国政府の調査では、英国内だけでも現代奴隷に該当する人びとは、一万〜一万三〇〇〇人存在すると報告されている。英国には東欧諸国などから「良い仕事がある」と甘い言葉で連れて来られた人たちが最初の話と違う職業に就かされる。かれらは自国からの交通費や会社の寮費などと称する借金を背負わされ、パスポートを取り上げられて会社の寮から逃げられない状態に置かれて工場で働かされている。この問題はＢＢＣなどのメディアも取り上げており、現代奴隷の問題は大きな社会的関心を集めている。

日本的感覚からすると、「奴隷」というと手足を鎖で縛られた奴隷を想像して自分たちには関係ない問題と考えがちだ。しかし、途上国のサプライチェーンでの児童労働、日本に来る技能実習生が現地国で借金をして事実上自由を拘束されている状況、国内下請け企業が外国人労働者を寮に住まわせてパスポートを預かり移動の自由を事実上拘束する行為など、多くの事案が「現代奴隷」に該当する。

二〇一九年六月二四日に放送されたＮＨＫのドキュメンタリー「ノーナレ『画面の向こうから―』」では、技能実習生として来日し、縫製工場で過酷な労働を強いられているベトナム人女性から雇い主の目をかいくぐって送られてくる動画が次々に明らかにされる。動画には、彼女らが強制送還の脅しを受けながら、劣悪な環境の中、休みもほとんどなく低賃金で長時間労働を強いられる日常が映し出されている[10]。これは氷山の一角で日本人として恥ずべき現実だが、だからこそ、この事実から目を逸らしてはならない。

COLUMN

日本における現代奴隷

米国国務省の人身取引監視対策部が公表した「人身取引報告書（2016年）」の日本

に関する部分[11]では、次のような報告がなされている。

- 日本は強制労働および性的搾取の人身取引の被害者である男女、児童が送られ、通過する国である。主にアジアからの移住労働者は男女共に、政府の技能実習制度（TITP：Technical Intern Training Program）を通じた一部の事案も含め、強制労働の状態に置かれている。
- 人身取引犯は、借金による束縛、暴力または強制送還の脅迫、恐喝、パスポートの取り上げ、その他の精神的な威圧手段を用い、被害者の移動を厳しく制限する。また強制売春の被害者は契約開始時点で借金を負っている場合もある。
- 日本人、特に家出した一〇代の少女や、外国人と日本人の間に生まれて日本国籍を取得した児童とその外国人の母親も、性的搾取の人身取引の被害にさらされる。「援助交際」という現象や、さまざまな形態の「JK（女子高生）ビジネス」が、日本人児童の性的搾取を目的とする人身取引を助長している。巧妙かつ組織的な売春ネットワークが、地下鉄、若者のたまり場、学校、インターネット上などの公共の場で、脆弱な日本人女性および少女を標的にする。こうした女性や少女は貧困状態にあるか精神障害がある場合が多い。
- 日本政府は、人身取引撲滅のための最低基準を十分に満たしていないが、満たすべく努力はしている。本報告書の対象期間中、政府が人身取引犯を訴追および有罪にした件数と認知した人身取引被害者の数は増加したが、2015年に有罪判決を受けた27人の人身取引犯のうち、9人は罰金刑を受けただけだった。

● 日本政府は、国際法上の人身取引の定義に国内法を合致させて人身取引犯罪の訴追を推進するための法の整備や制定を行っていない。

欧米諸国の現代奴隷法

二〇一五年に制定された英国の現代奴隷法（Modern Slavery Act）では、英国でビジネス活動を行う企業のうち、年間の売上高が三六〇〇万ポンド（日本円でおよそ六〇億円。英国内での売上高ではなく、所在地を問わず子会社も含めた売上高）を超えるものに対して、自社の事業活動とサプライチェーンの取引で起こる現代奴隷と人身取引についての「年次ステートメント（Slavery and Human Trafficking Statement）」を公表する義務を課している。

現代奴隷法の対象企業が「年次ステートメント」を公開しなかった場合、内務大臣の要請に基づき英国裁判所が「強制執行命令」を出すことができる。「強制執行命令」に違反した場合、上限無制限の罰金が科せられる可能性がある。

現代奴隷法は、英国のものが有名だが、二〇一二年に施行された「カリフォルニア州サプライチェーン透明法」、二〇一七年施行のフランスの「人権デュー・ディリジェンス法」、二〇一九年施行のオーストラリアの「現代奴隷法（Modern Slavery Bill）」などがあり、オランダでも児童労働を対象とした「児童労働デュー・ディリジェンス法案」が審議されている。

これらの法律に共通するのは、概ね次のような点だ。
- 企業のサプライチェーンを対象にしていること。
- 企業は、サプライチェーンにおける奴隷労働や人身取引のリスクを「人権デュー・ディリジェンス」により自ら把握しなければならないとされていること。
- 企業はこれらのリスクを管理しながら、その根絶に向けた取り組みを行うとされていること。
- 企業には、このプロセスに関する情報開示が求められていること。

COLUMN

人権デュー・ディリジェンス

デュー・ディリジェンス（Due Diligence）とは、普通は企業買収に際して、対象企業の企業価値や潜在リスクなどを調査・評価する作業の意味に使われる。言ってみれば、買収候補先の身体検査だ。

これに対して「人権デュー・ディリジェンス」は、企業が自らのサプライチェーンに存在する児童労働、強制労働や人身取引などの人権リスクを対象に行うものだ。自分自身に対する身体検査（健康診断）といってよい。

人権デュー・ディリジェンスでは、人権リスク（＝企業が引き起こし、助長している人権に対する負の影響）の調査・評価に加えて、そこで認識されたリスクを回避・軽減するための対応までを含む。このプロセスは「人権リスクに関する内部統制[12]」と言ってもよい。

国連の「ビジネスと人権に関する指導原則[13]」（ラギー原則）の第15項は、企業が人権を尊重する責任を果たすための取り組みとして、以下の三つの事項を要求している。

(a)人権を尊重する責任を果たすという経営トップのコミットメント
(b)人権への影響を特定し、防止し、軽減し、対処するための人権デュー・ディリジェンスの実施
(c)問題を是正するプロセスの整備

現代奴隷法の仕組み：NGOによる監視を制度に組み込む

英国の現代奴隷法は、企業が違反した場合には無制限の罰金が科せられるとしているが、実質的には高額の罰金により企業に取り組みをさせるという仕組みではない。現に英国政府は、対象企業の「年次ステートメント」が要求事項を満たしているかについては確認しないとしている。

この法律の仕組みの特徴は、英国ではNGOのプレッシャーが強いことを利用して、企業に透明性を要求した上で、NGOが企業の「年次ステートメント」を精査するというところにあ

る。つまり、市民社会の監視の目を利用して企業にサプライチェーンの人権問題の改善を促そうとするものだ。

また、企業は公開された他社の「年次ステートメント」と自社のそれを比較することで、他社がどのように実施しているのか、何をする必要があるのかを相互に理解して、次のステップに活用することができる。このように、良い意味での企業同士の競争を促し、それをNGOがウォッチし、企業と対話を通じて改善を図っていくということを想定して法律ができている。NGOは、企業の足りない部分を指摘する批判者であると同時に、対応策を企業と一緒に考えていくパートナーとしても位置づけられている。

伝統的な法理論では、法の執行というのは刑罰を科したり、財産を差し押さえるといった直接的な強制力を伴うもので、執行の主体はもっぱら国家権力だとされる。他方、英国の現代奴隷法は、NGOによる監視と対話というステークホルダーの力を利用し、企業のレピュテーション・リスクを梃子にして、現代奴隷の問題の是正を企業自身に促していくというダイナミックな発想を基礎にしている。この意味で、法の執行についての新しいアプローチといえる。そして、前記の各国の現代奴隷法や人権デュー・ディリジェンス法も同じ発想に立っている。

グローバルに活動しようとする日本企業は、この現実を認識しなければならない。NGOとの対話を怖がっている場合ではない。

日本の動き

日本でもサプライチェーンを見据えたリスク管理の重要性が認識されるようになってきた。日本取引所自主規制法人の「上場会社における不祥事予防のプリンシプル」では、

> サプライチェーンにおける当事者としての自社の役割を意識し、それに見合った責務を誠実に果たすことで、不祥事の深刻化や責任関係の錯綜による企業価値の毀損を軽減することが期待できる。

> 契約上の責任範囲のみにとらわれず、平時からサプライチェーンの全体像と自社の位置・役割を意識しておくことは、有事における顧客をはじめとするステークホルダーへの的確な説明責任を履行する際などに、迅速かつ適切な対応を可能とさせる。

として契約上の責任にとらわれた法令順守的な対応は不祥事を深刻化すること、サプライチェーンの全体を見据えてステークホルダーに対する説明責任を重視するリスク管理を実行することを求めている。

では、具体的にどうすればよいのか。まず、企業としては、「サプライチェーンの人権リス

クをゼロにすること」が求められているわけではないということを認識することが第一歩だ。リスク管理は、リスクの存在を認めるところから始めなくてはならない。企業に求められるのは、まずサプライチェーンのリスクを知ること(目をつぶれば世界がなくなるわけではない)、そしてそのリスクを防止、軽減するための具体的対応を行うこと、つまりPDCAを継続していくということだ。

リスク管理のPDCAはどの企業でもやっているはずだ。日本企業に足りないのは、このリスク管理のPDCAサイクルで対象とする事象を奴隷労働や人身売買などの人権問題にまで拡大すること、そして対象地域をグローバルなサプライチェーンにまで及ぼすということだ。NGOを有効活用して自らの足りない部分を認識し、改善を図っていくという「したたかさ」も必要だ。

以下では、資生堂グループの「二〇一七年度『奴隷労働および人身取引』に対する声明」の一部を紹介する[14]。このステートメントは、企業がリスクの存在を認め、これから目を逸らすことなく問題に向き合う姿勢を示している。

資生堂のリスクアセスメントおよびデュー・ディリジェンス

資生堂の事業における奴隷労働および人身取引のリスクは、資生堂の直接的な管理が行き届かないサプライチェーンにあると考えている。

- サプライチェーンの全容を明らかにする必要があることは認識しているものの、現時点では全容を解明するまでには至っていない。今後、さらなるサプライヤーとの協力が不可欠である。第一ステップとして、2017年8月に新たにSedex（サプライヤーエシカル情報共有プラットフォーム）に加入し、2017年末までに自社の掛川工場の登録を終了した。今後はサプライチェーンにおけるトレーサビリティ・透明性の確保のために、このプラットフォームを活用することについて一次サプライヤーと協議する。
- 上述の活動に加えて、サプライヤー行動基準を改訂し、一次サプライヤーにおける二次サプライヤーの管理の遵守について明記するとともに、購買契約にも反映するなど、サプライヤーとともに社会的責任を果たしていけるよう、契約面も含めて結束を強めていく。
- 本リスクアセスメントの対処の責任者は当社のChief Legal and Governance OfficerとChief Supply Network Officerである。

次にANAグループの「人権報告書2018[15]」の一部を示す。

ANAの航空機を利用した人身取引の防止

ANAグループは、日本と世界を結び、97都市に就航するエアラインです。一方で、エアラインが提供するサービスは意図せず、第三者によって人権侵害に利用されてしまうリスクを有しており、その代表的なものが人身取引です。人身取引の市場は世界中で年間数百億ドル規模ともいわれており、こうした問題の改善に向けて働きかけることも我々の責務と考えています。今後、国外のノウハウも吸収しながら、防止につながるプログラムの構築を進めていきます。

ANAは米国のNGOの力も借りて、すべての客室乗務員に人身取引が疑われる行動事例などについて教育を実施し、仮に機内で疑わしい行為があった場合は入国管理局に連絡する手はずも整えたと報道されている(日本経済新聞/二〇一九年六月四日)。

リスクマネジメントとしてのNGOとの対話

国際人権NGOとビジネス系弁護士はミスマッチ?

筆者は、日本を本拠とする国際人権NGOの「ヒューマンライツ・ナウ(HRN:Human Rights Now[16])」の運営顧問を務めている。HRN(事務局長:伊藤和子弁護士)は、法律家、研究者、ジャーナリスト、市民などが中心となって二〇〇六年に発足したNGOだ。

人権NGOというと、いわゆる「人権派弁護士」が主流を占めて、企業と対決する姿勢を崩さない団体を想像しがちだが、HRNの特色は企業法務を専門にするビジネス系の弁護士が運営顧問として多く参加している点にある。ビジネス弁護士と人権団体の組み合わせは一見するとミスマッチのように思えるが、そうではない。これは前述の国連の「ビジネスと人権に関する指導原則」（ラギー原則）や現代奴隷法の考え方が、NGOと企業を単純な対立関係で捉えるのではなく、緊張感をもった牽制関係を基本にしながらも双方の対話により人権状況を改善していこうとしていることと無縁ではない。企業のことをよく知るビジネス弁護士がNGO側に立つことは、より有効な対話を可能にし、NGOにとっても企業にとってもウイン・ウインの関係になる可能性が高まる。この意味で、国際人権NGOとビジネス弁護士はミスマッチどころか、かえって相性が良いともいえる。

そこで、筆者がHRNの一員として実際に行っている子供服のミキハウスとの「対話」を紹介する。

COLUMN

HRNとミキハウスとの対話（エンゲージメント）

●HRNは、情報提供を契機に、二〇一六年八月から調査員をミャンマーに派遣して、現地NGO（Action Labor Rights）と共にミャンマーの縫製工場における労働環境に関する調査を行った。この結果、ミキハウストレードのサプライチェーンに属する工場では、長時間残業の強要、低賃金・給与の支払い遅延、劣悪な労働安全環境、雇用契約書の不交付、産休を含む女性労働者の保護の欠如など、労働者の人権侵害が確認された。

- HRNは、ミキハウストレードに対してこの問題を指摘し、労働環境改善に向けた実効的な対応を求めた。
- ミキハウストレードは、HRNの指摘を受けて、第三者機関（エナジェティックグリーン）に調査を依頼し、二〇一七年一月一六日に第三者機関が作成した「ミャンマー委託先工場調査報告書」を公表すると共に、二月一五日には「株式会社ミキハウストレード調達方針」及び「ミキハウストレード　サプライヤー行動規範」を公表した。
- さらに、ミキハウストレードからHRNに「これまでの経緯の説明と今後の対応を直接説明するための報告会を開催したい」との申し入れがあり、二月二七日に報告会が開催された。
- 報告会では、ミキハウストレードからは、執行役員を含む二名の担当者とエナジェティックグリーンの代表者が出席し、HRN側からは、伊藤和子事務局長を始めとする四名の弁護士（筆者を含む）が出席した。
- 報告会では、まずミキハウストレード側から、HRNの指摘を契機にミャンマーに限らず自社のサプライチェーン全体の労働環境の改善に向けた取り組みを開始していることや、その取り組みの現状と今後の方向性について説明がなされた。
- HRN側からは、「HRNの指摘をきっかけにサプライチェーン問題に真摯に取り組もうとしているミキハウスの姿勢は評価できる」「新興国におけるサプライチェーン問題は、『あってはならない』というタテマエ論で対処するのではなく、『よくあること』を前提にそれを改善していくことが求められている。ミキハウスのこれからの対応に注目している」「本件の対応を通じて、ミキハウスのブランド価値をさらに高めてほしい」と伝えた。

●その上で、「サプライチェーンの上流の問題をどのように把握し、改善を図り、モニタリングをしていくか」といった個別論点について意見交換を行い、今後も対話を継続していくことで合意した。

●その後、ミキハウストレードの親会社である三起商行も二〇一七年九月「『児童労働を実効的に廃止すること』『強制労働や差別、現代奴隷を撤廃すること』などをサプライヤーに要請していく」という内容の「サプライヤー人権ポリシー」「サプライヤー行動規範」を制定、公表し[17]、ミキハウスグループ各社のサプライヤーに対して、これらに対する「同意書」の提出を求めている。

●サプライチェーンの人権問題は、裾野の拡がりも大きく、一朝一夕で解決するものではない。その後も、HRNはミキハウス側と対話を継続し、その対応の報告を受けているが、その足りない部分を指摘しつつ、より抜本的で効果的な対応についてのアドバイスも行っている。

基本スタンス：NGOは企業のステークホルダー

企業は、NGOとの関係について基本スタンスを明確にしておく必要がある。まず、認識しなければならないのは、NGOは企業のステークホルダーの一つということだ。正確にいうと、企業のサプライチェーンにより人権を侵害されている新興国の労働者が第一次的な企業のステークホルダー（利害関係者）であり、NGOはその代弁者と位置づけられる。マスコミと同じ立場に立っているといってよい。マスコミが新聞やテレビで事実を伝えるのに対して、NGOは直接ネットで、あるいはマスコミに働きかけて世界中に事実を伝達する。NGOは企業と緊張関係に立つ存在だが、単純な敵対関係に立つわけではない。敵対するかどうかは企業の対応による。人権侵害の事実があるにもかかわらず、NGOの指摘にも耳を貸さず、状況の改善を図ろうとしない企業は、時にはグローバルな不買運動などのキャンペーンのターゲットとされる。しかし、人権リスクの存在を認めて誠実にその改善に取り組む企業は、むしろその評価を高めていく。

企業としてはNGOを「企業自身が気づいていないサプライチェーンの人権リスクを認識させてくれるステークホルダー」と位置づけると分かりやすい。あるいは、企業自身による人権デュー・ディリジェンスを勝手に先行してやってくれる存在といってもよいかもしれない。

ところで、NGOのターゲットにされるのはナイキのような消費者に知られたブランド企業だけであり、サプライチェーンの上流（原材料に近い部分）を扱う企業（B to B企業）は

ＮＧＯを意識する必要がないと考える向きもある。しかし、この認識は誤っている。ＮＧＯの批判の対象になりうるブランド企業は、厳しい調達基準をその供給元まで求めることになるからだ。

自動車産業を例に考えると、消費者に直面する自動車メーカーの上流には多くのサプライチェーンと極めて多数の調達先があるが、ＮＧＯとの対話により、自動車メーカーは厳しい人権に関する調達基準を設定し、上流の企業（調達先）にもそれを守らせるというコミットメントを出している。このため、自動車産業のサプライチェーンの上流を扱うＢ to Ｂ企業であってもＮＧＯを意識しないわけにはいかないというのが現実だ。

ＮＧＯとどのように付き合うか

有事の対応

企業がＮＧＯからサプライチェーン上で実際に発生している人権問題を指摘され、対話と具体的な対応を求められるという「有事」において、企業はどのように対応すべきか。

何よりもＮＧＯの指摘に耳を傾けて誠実に対応していく姿勢が重要になる。そのためには、まず事実関係を確認、把握することが対話の前提になる。

強制労働や児童労働を例にとると、国際ＮＧＯは、被害を受けている労働者がスマートフォンでひそかに撮影した現場の動画などの提供を受けている（今どきは、難民だってスマートフォンを持っている)。NGOが調査員を工場に工員として潜入させて、スマートフォンで現場の動画や書類などを撮影し、証拠を固める手法を取ることもある。したがって、NGOが企業に問題を指摘してくる時点では、すでに相当な手持ち証拠があると考えたほうがよい。

証拠を固めたNGOは企業に問題を指摘し、対話を求めてくる。この場合、企業側は自分さえよく知らない事実をいきなり突きつけられることになるが、企業としてはNGOから情報提供を受けながら自らきちんと調査を行い、実態を確認、把握しなければならない。にもかかわらず、「自社の委託先工場かどうか分からない」とか「やらせ動画かもしれない」といった感情的反発から事実調査を十分に行わないことも多い。しかし、このような反応は感心しない。

NGO側はいきなりすべての証拠を出してくるわけではなく、指摘に対する企業側の姿勢を見極めようとしている。企業が誠実に事実関係を確認し、対応していこうとする姿勢を示せば建設的な対話を開始することになるが、企業が窓口を閉ざすと「対話の意思なし」と判断して、「決定的証拠」をネット上で公開して圧力をかけてくることになる。このようなNGOの行動特性からすると、むやみに防御的になるのはリスク管理として稚拙な対応だということになる。

事実関係を確認できたら、次の段階として問題解決に向けた対話を開始することになる。企業には、この一連の対応を外部ステークホルダーによる人権デュー・ディリジェンスと位置づけ、人権に対する企業姿勢を明確に示しつつ、説明責任を重視した対応をとることが求められる。そして、対話においては百点満点の回答をする必要はないし、そもそもそんなことは不可能だ。「できること」「できないこと」「今はできないが、これからやろうとしていること」を明確に示していく姿勢、つまり「六〇点を七〇点にしていく努力の過程を示す姿勢」が大事になる。

対話は一定期間継続することになる。この際、国連の「ビジネスと人権に関する指導原則」(ラギー原則)の第一五項では「人権を尊重する責任を果たすという経営トップのコミットメント」が要求されていることからも、また人権問題に真摯に取り組もうとしている企業姿勢を示すためにも、対話の責任者は経営トップに直結した役員クラスが務めることが望ましい。

平時の付き合い

世界中には実に多くのＮＧＯが存在しているので、企業としてはどのＮＧＯとどういう付き合い方をすればよいか迷うところだ。対話と言われても何を話してよいか分からないというのも実際のところだろう。

平時の付き合いとしては、どこか信頼できるＮＧＯを選んで定期的に対話を重ねるという方式が望ましい。

ある大手グローバル企業では、ニューヨーク、ロンドン、シンガポール、東京で、それぞれ国際的ＮＧＯと年一回の定例意見交換会を実施してグローバルな人権・環境問題の最先端の情報を入手して、リスク管理に役立てている。

そこまではできないという企業も多いだろうが、日本で国際的NGOを一つ選んで定期的な対話をする程度なら、やろうと思えばすぐにでもできる（日本語で対話できるという利点もある）。NGO側としても企業と対話することは歓迎するはずだ。企業から見て対話の相手が一つであっても、NGOはグローバルなネットワークを持っていることが多いので、海外でNGOからアクセスされて有事対応を行う場合、そのNGOの素性を確かめてもらうことができる可能性があるし、コミュニケーションの仲介を頼むこともできるかもしれない。

NGOとガバナンスの本質

コーポレートガバナンスについて検討した第4章で述べたとおり、ガバナンスの本質はチェック&バランスによる企業のリスク管理であり、それを実質化するものは「外の目」の独立性と多様性にある。

企業から独立し（＝ステークホルダー視点で批判的に企業を見る目をもち）、企業の発想とは異なる多様な視点をもつNGOと日常的にコミュニケーションしておくことは、企業の攻めと守りを強化するために社外取締役、社外監査役を積極的に活用するのと同じ発想だ。

日本企業には、今後グローバルレベルで大きな変化の波が絶え間なく襲ってくることが予想される。ここでは、過去の先例ばかりを見ていても適切な対応はできない。未経験のリスクにチャレンジしながら持続的成長を確実なものにしていくには、「異分子」と対話し、交渉する柔軟なリスクセンスと「したたかさ」が不可欠だ。

日本企業には、ＮＧＯと積極的にコミュニケーションを試みて自らを鍛え、将来に向けたリスクセンスと「したたかさ」を身につけることが求められている。

［注］

1　https://www.meti.go.jp/policy/external_economy/zouwai/overviewofguidelines.html
なお、二〇一七年に若干の改訂がなされている。

2　http://www.nichibenren.or.jp/library/ja/opinion/report/data/2016/opinion_160715.pdf

3　https://www.antibriberyjapan.org/

4　http://www.ungcjn.org/gcjn/index.html　グローバル・コンパクトは、一九九九年の世界経済フォーラム（ダボス会議）でコフィー・アナン国連事務総長（当時）が提唱したイニシアチブで、企業を中心とした様々な団体が、持続可能な成長を実現するための世界的な枠組み作りに自発的に参加することが期待されている。世界約一六〇カ国で一万三〇〇〇を超える団体（そのうち企業が八〇〇〇社超）が署名し、「人権」・「労働」・「環境」・「腐敗防止」の四分野で活動している。

5　https://www.oecd.org/corruption/anti-bribery/OECD-Japan-Phase-4-Report-ENG.pdf

6　ＮＧＯは、Non-governmental Organization の略で「非政府組織」と訳される。ＮＧＯという用語は国連の経済社会理事会から生まれてきた背景があり、国連で政府代表者と区別する意味で、Non-governmental（政府でない）という言葉が使われた。一方、ＮＰＯは Non-profit Organization の略で「非営利組織」と訳される。ＮＧＯは国際的な活動を行う団体、ＮＰＯは地域社会で活動する国内団体という意味で使われる傾向にあるが、明確な定義があるわけではない。

7　http://www.alterna.co.jp/26095

8　ペルーで金鉱山の環境破壊に対する抵抗運動を指導した元カトリック司祭のマルコ・アラナの言葉。

9　ＰＤＣＡ（Plan → Do → Check → Action）とは、対応策を計画し、それを実行してみて、そこで生じる問題点をチェックし、さらに改善策を作って実行していく、というダイナミックな対応を繰り返すプロセスをいう。

10 https://www.nhk.or.jp/docudocu/program/4253/2257052/index.html

11 https://jp.usembassy.gov/ja/tip-2016-ja/

12 日本弁護士連合会「人権デュー・ディリジェンスのためのガイダンス（手引）」二六ページ

https://www.nichibenren.or.jp/library/ja/opinion/report/data/2015/opinion_150107_2.pdf

13 二〇一一年六月一六日、国連人権理事会で承認された「ビジネスと人権に関する指導原則」は、国連事務総長特別代表として中心的役割を果たしたジョン・ラギー氏の名前から「ラギー原則」と呼ばれる。指導原則は、拘束力や制裁を伴わないガイドラインだが、国連人権理事会の全会一致で承認・支持された文書であり、すべての国と企業が尊重すべきビジネスと人権に関する国際基準として世界中で利用されている。

14 https://www.shiseidogroup.jp/sustainability/pdf/pdf2018/backnumber2018j_all.pdf

15 https://www.ana.co.jp/group/csr/effort/pdf/Human_Rights_Report_2018.pdf

16 http://hrn.or.jp/outline/

17 https://www.mikihouse.co.jp/corporate/csr_procurement/

おわりに

私が弁護士として企業不祥事に関わるようになったきっかけは、バブル崩壊で破たんした山一證券事件だった。一九九七年一一月、山一證券は巨額の「簿外債務」の隠ぺいが明らかになって破たんした。野澤正平社長の絶叫・号泣記者会見を記憶している人も多いだろう。このとき、日本で初めての試みとして、真相を究明するための「調査委員会」が社員たちの手で設置された。これは現在の「第三者委員会」の原型となったものだ。

調査委員会の社員たちは、経営幹部が我先にと沈没船から逃げ出す中で、最後まで会社に残って黙々と真相究明のための調査を続けた。私は調査委員会の外部委員になり、かれらと寝食を共にしながら調査を行った。調査報告書は対外公表され、大きな反響を呼んだ（調査委員会のリアルなストーリーは、読売新聞社の社会部長などを経て巨人軍の球団代表になったが、最高権力者である渡邉恒雄氏のコンプライアンス問題を指摘して反旗を翻し、読売から追放された清武英利氏が書いたノンフィクション『しんがり――山一證券最後の12人』（講談社＋α文庫）に詳しい。『しんがり』はWOWOWでテレビドラマ化されている）。

調査報告書では損失の隠ぺい、決断できない先送り体質、現場から乖離した仲良しクラブの経営層、危機管理の不在（危機に立ち向かう能動的姿勢の欠如）といった山一證券の体質を明らかにした。さらに、このような体質は山一證券だけの例外的なものではなく、多くの日本企業に共通する典型的なものではないかという問題提起も行った。

それから二〇年以上が経過したが、企業不祥事は一向になくならない。それどころか、ますます増え続けている。この間、私はいくつもの危機管理案件や第三者委員会調査に従事して、「なぜ企業不祥事は、なくならないのか」ということを問い続けてきた。その結果、不祥事を起こす企業の多くには、日本企業に共通する特徴があるのではないかという問題意識をもつようになった。では、その特徴とはどういうものか。

最初にあげなければならないのは「同質性」だ。多くの不祥事には、明確な指揮命令による組織としての決断がないままに「場の空気」に流されて「みんなで赤信号を渡ってしまう」というパターンが見られる。同質集団が起こす不祥事では、はっきりとした主人公（主犯）を見つけることが困難だ。このため、除去すべき対象が捉えづらく抜本的対応が難しい（日産のゴーン事件には傑出（？）した主人公がいるが、ゴーン氏は日本人ではない）。

次にあげられるのは、日本的な「真面目さ」だ。真面目なことが不祥事の原因というと奇異に感じる人もいるかもしれないが、この本を読んでいただければその意味が分かると思う。多くの企業のコンプライアンス施策は、教科書に書かれている唯一の正しい答えを探し、重箱の隅をつつく「真面目」なものになっている。このため現場に負荷をかけるばかりで社員の共感を得られず、不祥事防止の役に立っていない。

さらに「内向きの視野」があげられる。企業は多種多様な外部のステークホルダーに囲まれた存在で、企業価値はレピュテーションの集積で形成されている。にもかかわらず、いざという有事ではステークホルダー視点が抜け落ちて内輪の論理で対応するため、危機管理に失敗し、企業価値が大きく毀損する事案が相次いでいる。

ただ、すべての日本企業がそうだというわけではない。実際に機能するコンプライアンスやコーポレートガバナンスを実践している企業や、不祥事が起こっても正面から対峙してこれを克服し、強靱な体質を作り上げる企業もたくさんある。

マスコミで報道されるのは不祥事として認知されたケース、つまり失敗事例がほとんどだ。成功事例が報道されることはあまりない。このため「では、どうすればよいのか」を考えていく際に参考となるケースを見つけるのは困難だ。

そこで、この本では私自身が実際に体験してきた成功事例も多く紹介してきた。

この本を通読すると、不祥事を防ぐためのポイントがいくつか浮かび上がってくる。そこで、私として思いつくまま、いくつかのポイントをあげてみることにする。読者の皆さんも各自でやっていただきたい（「唯一の正しい答え」はありません）。
●多様性（ダイバーシティ）と「空気読まない力」、これを生かす寛容さと柔軟性
●ステークホルダー目線（社外の目線）でのレピュテーション・リスク対応
●形式性・網羅性にとらわれないメリハリのあるリスクベース・アプローチ
●「概ね正しい」ことを良しとする（百点主義ではない）七〇点対応
●羅針盤となるインテグリティとプリンシプル
●異質な考えをもつ人との双方向でダイナミックな対話
●仕事への誇り、プライド
●「ものがたり」のある「オモシロい」コンプライアンス

この本の目的は「企業不祥事を防ぐ」ことにある。これを実現するものは、お仕着せの規則や制度ではなく、一人一人の働く人の意識しかない。

だから経営者から現場の社員、さらにその家族や学生にも読んでもらいたいと考えてこの本を執筆した。自分自身の実務経験から得られたノウハウを出し惜しみせず、分かりやすく書いたつもりだ。読者がこの本の中から一つでも二つでも参考になりそうなことを見つけ出し、自分の言葉で発信し、組織の中で役立てていただければありがたいと思っている。

二〇一九年九月

國廣　正

【著者紹介】

國廣 正（くにひろ・ただし）

弁護士・国広総合法律事務所

1955年大分県生まれ。東京大学法学部卒業。

専門分野は、危機管理、コーポレートガバナンス、コンプライアンス、会社法など。多くの大型企業不祥事の危機管理、第三者委員会調査や会社法関係訴訟などを手がける。

日本経済新聞社の「2018年 企業が選ぶ弁護士ランキング」の「危機管理分野」で第1位。

東京海上日動火災保険㈱社外取締役、三菱商事㈱社外監査役、LINE㈱社外取締役、オムロン㈱社外監査役。

公的職務として、内閣府顧問、消費者庁顧問、「内閣府・内閣官房・内閣法制局入札監視委員会」委員長のほか、警察庁の「監察業務の高度化等に関する検討会」、経済産業省の「外国公務員贈賄の防止に関する研究会」、金融庁の「監査法人のガバナンス・コードに関する有識者検討会」などの委員を務める。

著書に、『修羅場の経営責任――今、明かされる「山一・長銀破綻」の真実』（文春新書）、『それでも企業不祥事が起こる理由』、『内部統制とは、こういうことだったのか』（共著）、『なぜ企業不祥事は、なくならないのか』（共著）（以上、日本経済新聞出版社）など。

企業不祥事を防ぐ

2019年10月17日　1版1刷

著　者　國廣 正

©Tadashi Kunihiro,2019

発行者　金子 豊

発行所　日本経済新聞出版社

https://www.nikkeibook.com/

〒100-8066 東京都千代田区大手町1-3-7

電　話　(03) 3270-0251 (代)

装　幀　野網雄太

組　版　マーリンクレイン

印刷・製本　中央精版印刷

ISBN978-4-532-32303-5

Printed in Japan